黄浦相册

70年70个瞬间

中共上海市黄浦区委党史研究室◎编

上海人民出版社　学林出版社

编　委　会

前　言

今年是中华人民共和国成立 70 周年，也是上海解放 70 周年。70 年前，上海的解放，引起了全中国人民和全世界进步人类的欢呼。新华社社论《祝上海解放》这样说"上海的解放当然要加速完成中国内外关系的一系列根本变化，这些根本变化当然要使新中国的地位一天比一天光明"。70 年后，这一伟大的预言已经生动地呈现在世人的面前。

在黄浦江、苏州河相拥的 18.678 平方千米的陆域，是今天黄浦区的所在地。70 年来，黄浦区经历了数次撤并调整，老闸、新成、邑庙、蓬莱、嵩山、南市、卢湾这些曾经的行政区已然成为了历史，陆家嘴、杨思等也已划出了属地。70 年来，在上海市委、市政府的坚强领导下，在这块热土上，变化和发展是史无前例的。人们满怀喜悦庆祝解放，组织起来建设管理家园，充满激情投身建设，艰苦奋斗创造生产奇迹，倾力打造靓丽城市名片改变城区面貌，融入改革大潮释放社会活力，优化产业结构完善城区功能，促进高质量发展，创造高品质生活，谱写出一曲曲激扬的时代华章。70 年来，这里的广大干部群众努力传承红色基因、弘扬红色文化、继承革命精神，不辱使命，走在前头，勇于担当，乐于奉献，融合传经典，创新铸精品，黄浦日益成为上海进步发展的一个缩影，彰显上海城市心脏、窗口和名片的形象，体现国际大都市核心区的地位。

习近平同志指出："一切向前走，都不能忘记走过的路；走得再远，走到再光辉的未来，也不能忘记走过的过去，不能忘记为什么出发。"以史鉴今，面向未来。为此，中共黄浦区委党史研究室组织编纂《黄浦相册：70 年 70 个瞬间》一书，以历史发展脉络为主线，撷取黄浦 70 年发展历程中的 70 个具有重要意义的历史瞬间，意在通过具体生动的形象，以小见大，以点带面，以图说史。伟大成就和巨大变化，是在党的领导下，紧紧依靠人民群众取得的。历史是最好的教科书，回顾 70 年来黄浦走过的光辉足迹和伟大历程，感受黄浦人艰苦奋斗、创新求实、勇攀高峰的可贵精神，从中汲取开拓前进的力量，激励来者，以永不懈怠的精神状态和一往无前的奋斗姿态担当新使命、展现新作为，共同谱写黄浦发展的新篇章，努力创造无愧于历史、无愧于人民、无愧于先辈的新辉煌！

编者

2019 年 11 月

目录
contents

01 人民解放军进入大上海

1949 年 5 月 25 日，人民解放军进入上海市区，与上海地下党组织胜利会师，苏州河以南地区解放。5 月 12 日，以解放大上海为目的的"上海战役"发动。解放军第三野战军分别从浦东、浦西迫近吴淞口，阻敌退路。至 22 日，已扫清上海外围，逼近市区，并完成对国民党残部的合围。23 日晚，发起总攻，部队迅速跃进，5 月 25 日凌晨，上海苏州河以南地区宣告解放。

人民解放军进入上海市区后，自觉执行《三大纪律八项注意》《约法三章》和《入城守则》。为了不惊扰市民，不入民宅，露宿街头；军指挥所不进高楼大厦，军长、政委蹲在马路边上指挥战斗；作战部队的后方辎重、骡马和伙房不进入市区，指战员用钢盔盛饭就餐；任何人不私受馈赠，不私取公物，等等。人民子弟兵以自己实际行动在上海人民心目中树立了光辉形象。此时吴淞、浦东的守敌还在拼死顽抗，远处炮声隆隆，苏州河畔时而响起激烈的枪声，但苏州河以南市区的社会秩序迅速恢复正常，许多工作照常开展，商店开门营业，水电供应如常。

解放军纪律严明、处处爱人民、秋毫无犯的崇高风貌与国民党军队欺压百姓、抢占民房、抢夺民财等丑恶形象形成鲜明对照。有一家商人主动送烧饼慰劳在他家门外执勤的哨兵被婉言谢绝，又连续三四次送给新接岗的，直到天明没有一位战士接受，商人感动地说："从没见过这样好的军队！"

『上海人民解放了！』

链接一

1949 年 5 月 25 日凌晨，争夺苏州河的战斗仍在进行中，但市区苏州河南岸地区已经获得解放。人民保安队百货业区队的新新公司分队立即派出一个小组，全体人员都佩上白底红字的"上海人民保安队"臂章，直奔公司 5 楼，占领"凯旋"电台。利用公司电台，第一时间向上海 600 万市民播报"上海人民解放了！"这是上海解放的第一声广播，这声音带着激动，带着喜悦。喇叭里同时传出"人民解放军已经来到上海南京路！"的消息。反复播送《中国人民解放军约法三章》和《三项保障》，敦促国民党军残部停止抵抗，缴械投降。在此之前，中共百货业党委曾指示中共新新公司党支部，设法控制公司电台，以便在迎接上海解放中发挥作用，为此中共新新公司支部委员张晓峰派了姚仁根、

◎ 凯旋电台旧址

陈君衡两人设法进入电台内部，熟悉了解情况，学会使用电台。这天，姚仁根熟练地接通了电源，打开了电台的电钮，调整好频率，李云森用流利的普通话开始播音。

上海新新公司，就是现在的上海市第一食品商店的前身，1926年由华侨刘锡基、李敏周创办。1927年，在公司5楼创办私营广播电台，每天播6小时，介绍公司的各种商品。因电台四周围以玻璃，又称"玻璃电台"，后遭火灾，抗战胜利后重建，改叫"凯旋电台"。

链接二

解放第一面红旗
绮云阁升起上海

绮云阁是永安公司楼顶西北端一座巴洛克风格的三层塔楼，与先施公司的魔星楼遥相呼应，曾经是南京路上的制高点之一，也是鸟瞰南京路全景的最佳处。1949年5月25日拂晓，永安公司地下党组织赶制出一面红旗，要用红旗迎接和庆祝上海的解放。任务交到年轻的共产党员雷于斌、黄明德、乐俊炎和唐仁手中，他们将负责把红旗升上公司大楼的最高处。4人爬上绮云阁塔楼，准备把红旗挂到旗杆的钩子上，但上去后却发现钩子掉了，上面窄小的空间根本站不住人。这时，解放上海的战斗仍在激烈地进行着，控制苏州河北阜

◎ 绮云阁上红旗飘扬

丰仓库的国民党残敌朝绮云阁方向一阵扫射，在北侧的墙上留下了一排弹痕；但年轻的共产党员们并没有被吓倒，他们急中生智，找出一根消防皮带来，用皮带将身体和旗杆绑在一起，腾出双手，使劲将红旗系上旗杆。终于，第一面红旗在南京路上空飘扬起来！

随后南京路上新新公司、大新公司、先施公司、国货公司等各大公司也纷纷升起了鲜艳的红旗。永安、国货等公司职工还在沿南京路的楼面上悬挂出巨幅《中国人民解放军布告》，其中国货公司职工制作的布告长度覆盖了 3 个多楼面，一时间南京路上"誓将革命进行到底""人民子弟兵，我们欢迎你"等大型直幅、横幅标语层见叠出，外滩中国银行大楼等标志性建筑也升起了红旗，海关大楼高悬一面直幅大标语"欢迎人民解放军解放上海"。

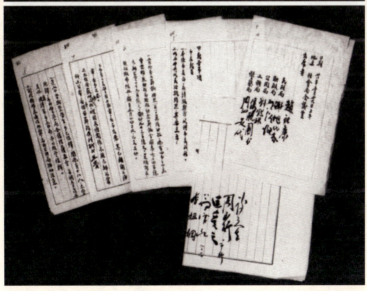

1949 年 5 月 28 日，新旧政府的交接仪式在江西中路 215 号大楼里举行。这是上海历史上一个重要的日子。这一天，军管会主任、上海市市长陈毅，副市长潘汉年及党政军各界领导，沿着黑色大理石楼梯来到二楼约 80 平方米的原市长办公室。只见房间里铺着红色地毯，中间一张宽大的办公桌对着门，桌上有雕花台灯以及好几种颜色的电话机，墙上有几幅可以上下拉动的上海市地图，陈毅坐到一张有着黄皮大扶手及很高椅背的大椅子上，对面是专管记录的女秘书朱青，周围坐了潘汉年、警备区司令员宋时轮以及周林、沙千里、周而复等。不久，由熊中节带领最后一任国民政府代理市长赵祖康坐在陈毅对面，举行了简单而又庄重的交接仪式。陈毅对赵祖康率领旧市府人员悬挂白旗迎接军管会接管保存文书档案等行动深表嘉许，并请赵祖康任工务局局长。

10 月 1 日中华人民共和国成立，2 日，上海市人民政府在此举行隆重仪式，升起全市第一面五星红旗。翌年，上海解放一周年，陈毅手书的"上海人民按自己的意志建设人民新上海"，被刻于石上，嵌在大楼正门入口迎面的墙上。

人民当家做主

链接一

1949 年 5 月 31 日，上海职工纪念"五卅"运动 24 周年大会在大光明电影院召开，2300 名职工代表济济一堂。这次会议是华东局暨上海市委为贯彻党的七届二中全会关于进城后"必须全心全意依靠工人阶级"的精神而召开的。会前，上海市市长陈毅对原上海地下党工运领导人刘长胜说："这是上海解放后上海工人第一次大会，应该开得轰轰烈烈！"强调要选好开会会场。会议开始，陈毅一上主席台，开口第一句话便是："上海的工人老大哥、老大姐们，我们归队了！"一句话说得在场的许多人热泪盈眶，掌声、欢呼声骤然响起，在大厅里久久回荡。接着，他在讲话中充分肯定了上海工人阶级的地位和作用，号召上海工人阶级迅速建立起自己的工会组织，并团结一切民主阶层，以高度的热忱建设新上海，指出"上海解放是有史以来的伟大历史变革，已经成为国家主人的工人阶级要以远大的眼光和伟大的气魄，来领导新社会的经济建设和政治建设"。会议宣布成立上海总工会筹备委员会（即上总筹），原百货业工会的周炳坤、韩武成被列为上海总工会筹委会委员。

◎ 1949年5月31日，陈毅在纪念"五卅"的会上讲话。右图为会场外景。

经过"上总筹"近8个月的努力，全市107万名职工中有87%纳入了37个产业工会组织。1950年2月3日，上海市首届工人代表大会在市政府大礼堂举行。大会听取了市长陈毅的政治报告、"上总筹"主任刘长胜作《关于上海工人运动当前方针与任务》的报告。大会通过了关于上海工人运动当前方针与任务等10项决议。2月7日，大会宣告上海总工会正式成立，并选举产生了刘长胜等129位委员、候补委员与监察委员。全体委员上台庄严宣誓。从此，上海工人阶级在上海总工会的领导下，开启了集中力量，维持生产，粉碎封锁，克服困难，建设人民新中国新上海的新征程。

反击『二六』轰炸

链接二

1950年2月6日中午12时25分至13时53分，国民党空军出动以美制B-24、B-25轰炸机为主体的数十架混合机群，一个多小时内分4批空袭上海，以电厂为主要目标进行轮番轰炸，上海市所有发电厂全部遭轰炸，全市工厂大都被迫停产。全市被炸死亡542人，炸伤836人，失踪5人，1000余间民房被毁，受灾居民达5万多人。这是上海解放后遭敌机轰炸最严重的一次，史称"二六轰炸"事件。

◎ 1950年2月6日，卢家湾地区遭国民党飞机轰炸后的情景

位于南车站路的华商电气公司遭受重创。下午1时20分，华商电气公司南车站路老厂被国民党飞机轰炸，造成材料库、老车厂、漆工间、木工间、冷作间、起重间、路工间等厂房、设备、材料严重损坏，10余条出线的配电中心受到重大破坏，无法对外提供电力。位于徐家汇路重庆南路的法商电车公司也是当日轰炸的主要目标之一。飞机在该厂周围很大范围内乱炸一通，造成该厂职工及家属死伤45人，但厂区未被命中，发电馈电未受影响。此外，徐家汇路泰康路、斜徐路鲁班路、中山南路医院路、外江家宅等处也遭受轰炸。

中共上海市委、市政府进行全市紧急动员，开展反轰炸斗争。全市人民同仇敌忾、大力协作，抢修、抢救被炸毁设施，维护社会秩序。机器开始运转，车辆重新启动，电灯重放光明。1951年2月18日，卢湾区各界人民追悼"二六轰炸"被难同胞大会在徐家汇路卢家弄口树立"二六轰炸被难同胞"纪念碑。

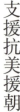

支援抗美援朝

链接三

1951年6月1日，中国人民抗美援朝总会发出"关于推行爱国公约、捐献飞机大炮和优待烈属、军属"的号召。捐献运动初始，主要是捐现金、捐积蓄、捐部分工资。南市区各界人民在抗美援朝捐献运动中捐献人民币1030余万元。妇女捐献旧人民币10.4亿多元，向志愿军送去慰问款旧人民币2900余万元和慰问品4500余件。

◎ 嵩山区家庭妇女高举捐献飞机的模型游行

区职工共捐款旧人民币 8.12 亿元。区教育系统职工捐献"中国教工号"飞机一架。区工商界完成捐献计划，捐款总数旧人民币 174.31 亿元。数百名爱国青工和学生报名参军，其中多数人奔向抗美援朝前线。

卢湾区捐献人民币 200 多万元。妇女捐献子弹 4000 多发，手榴弹 60 颗，发送慰问信、慰劳袋。捐献 17.7 万余元，捐献物件有金饰、钻戒、银圆、皮大衣等，购"妇女号"飞机 1 架。各业职工捐献 6.1 万元。青年职工和学生参军参干 1000 多人。沪新中学学生张孚琰参军后成为战斗机驾驶员，身负重伤，撞向敌机，英勇牺牲在朝鲜战场上，时年 20 岁。黄浦区各界人民共捐献旧人民币 2612 万元。妇女向志愿军寄慰问信、慰问品，捐献人民币 66733 元，完成缝制鞋袜、粮袋等军需用品任务。各业职工向志愿军寄慰问信、送慰问品，捐献飞机大炮款，仅老闸区就捐献 20.24 万元，工商业者组织捐献人民币 2377 万元。

03 上海市第一个居委会

1949 年 12 月 10 日，"宝兴里居民福利委员会"（后改名为宝兴里居民委员会）正式成立。这是回到人民手中的上海市第一个居委会。5 月 27 日，中国最大的城市上海解放了。第二天，上海市人民政府宣告成立，在陈毅市长的领导下，市政府着手进行城市的接管工作。随后，各区也相继成立了接管会。在国民党政府的保甲制度被彻底废除后，建立一种新的城市基层组织成为当务之急。

市政府选择黄浦区金陵东路的宝兴里作为试点。当时的黄浦区是全市商业中心，有常住人口 13 万余人。区内的机关和办公大楼比较多，流动人口也是全市最多的。再加上上海解放前区内云集有所谓"上海三大亨"（即黄金荣、杜月笙、张啸林）、"四金刚""十三太保""九条龙"等流氓势力，还有赌场、妓院、毒窟以及潜伏的特务等，社会情况相当复杂。

区接管会首先组织一批积极分子，深入居民家庭，按原有户籍册逐户核准户籍，摸清每户的状况。其次通过核对户口，把里弄居民组织起来，于是就有了居民福利会这个居民自治组织。宝兴里共有 92 幢二层石库门住房，每幢推选居民代表 1 人，每 5 幢居民中产生一个小组长。区接管会经常召开小组长会议和居民代表会议，宣传时政形势和党的方针政策，通过他们向广大居民做宣传；同时妥善解决居民间水费、电费和房租的合理分摊，得到广大居民的拥护。该会下设治安组、文教卫生组，进行防火防盗冬防的轮值纠察；出黑板报，组织读报小组；每周组织一次卫生大扫除；推选出妇女代表，组织妇女和失学儿童开办识字班。邻里发生纠纷由小组长召开居民小组会，评理开导，使之得到合理调解。这样，宝兴里得到有效的治理。

不久，市政府总结宝兴里居民委员会的经验向全市推广。就这样，中国城市的第一批居民委员会在上海诞生了。

扫盲识字　链接一　黄浦区市民扫盲始于 1950 年，区妇联开办家庭妇女识字班。1952 年居委会办识字班（组）30 所。1954 年有 27 所，学员 2128 人，对象主要为家庭妇女。教材用《妇女文化课本》《民校识字课本》。职工扫盲由产业工会领导，1952 年原黄浦、老闸两区基层工会办小学程度职工业余学校 71 所，学员 16261 人，其中扫盲班学员 10423 人。1956

◎ 邑庙区第六职工业余小学暨扫盲班学生合影

年两区合并后，设职工业余小学和扫盲学校 13 所，职工扫盲中心和市民扫盲中心各 1 所。全区 98 个单位和 127 个居委会均建立扫盲协会。1958 年设扫盲班 239 个，学员 7267 人。经对口检查，全区尚有文盲 1530 人。1959 年又扫盲 899 人。1960 年扫盲工作基本结束，职工业余小学和扫盲学校均撤销。

南市地区的识字扫盲教育主要通过职工扫盲学校（蓬莱区 8 所，邑庙区 4 所）、市民扫盲学校、职工业余小学（蓬莱区、邑庙区共 13 所）及扫盲班和行业工会举办的业余学校进行。扫盲中心学校进行教学辅导，培训群众师资。50 年代，南市地区曾出现过三次扫盲高潮。1952 年推广"速成识字法"，扫盲工作深入里弄、工厂。沪南人民文化馆先后辅导蓬莱、邑庙两区建立 476 个识字班，培养 1185 名群众教师，吸收 19420 名学员入学。1956 年贯彻中央《关于扫除文盲的决定》，建立区、街道、工厂企业的各级扫盲协会，形成社会性的扫盲热潮。1961 年以后，注意了扫盲质量。到 1965 年，全区基本完成职工及市民中的青壮年扫盲任务。

50 年代初，卢湾区按里弄委员会举办识字班，招收成人文盲、半文盲入学。

1952 年下半年，卢湾区有识字学校 79 所，166 班，4185 人。1954 年下半年，减为 60 班，1755 人。1956 年，建区扫盲协会，成立扫盲中心学校和职工扫盲中心学校。 1957 年下半年，职工文盲从 26000 人降至 12600 人。1958 年扫盲 22752 人，至年底， 95% 以上的文盲半文盲脱盲。1960 年 9 月，开展红旗业余学校运动，在青壮年职工 和 45 岁以上的干部、生产骨干中巩固扫盲成果。1962 年，凡有条件学习的文盲基本 脱盲。

解放妇女劳动力的里弄生产组

链接二

1958 年，为解放妇女劳动力，上海各街道办事处和居民委员会组织家庭妇女和闲散人员办起了里弄生产组。1958 年 8 月，黄浦区第一个里弄生产组诞生在四川南路街道慎兴里。里弄妇女表现出了高度的热情，她们有的腾出房子，有的借出缝纫机、剪刀、凿子，有的拿出凳子、桌子，有的联系丈夫单位接洽加工任务……在广大妇女的支持下，生产组很快兴办起来，短短

◎ 60年代初，打浦路53弄组织的"五三洗衣缝补组"

几个月，先后建立了缝纫、刺绣、五金、玩具、橡塑、印刷、纸品等各类生产加工组。至 1960 年 4 月，发展到 1014 个，参加人员 18852 人。

1958 年，卢湾区大批家庭妇女因陋就简，组织起来组建生产组。当年成立里弄生产组 292 家，生产人员 14070 人。1961 年，里弄生产组增至 422 家，生产人员 16385 人。

1958 年，邑庙、蓬莱区地区里弄闲散人员响应"解放妇女劳动力"的号召，创建一大批里弄生产组，1959 年邑庙、蓬莱两区合并成立南市区时，全区里弄生产组有 747 个，组员达 33268 人。

家庭妇女组织起来参加生产劳动，不仅树立了劳动光荣的风尚，还发挥了自己的智慧和力量，通过劳动获取报酬，改善了家庭的生活条件，进一步提高社会地位。里弄生产组刚成立时设备简陋，规模很小，经过艰苦创业，于 70 年代初期形成一批初具规模的街道工厂。1977 年，按照市的部署，规模较大的街道工厂连同人、财、物无偿上缴市手工业局。中共十一届三中全会后，留区管辖的里弄生产组，依靠改革开放政策，以市场为导向，逐渐发展成为集体事业工业。

04 人民英雄纪念塔奠基

1950 年 5 月 28 日，是上海解放一周年的纪念日。外滩黄浦公园内张灯结彩，一派节日气氛。市政府决定在纪念上海解放一周年的日子里，先期举行"人民英雄纪念塔"奠基礼。潘汉年副市长出席了典礼，并宣读碑文，陈毅市长亲自将奠基石安放在位于公园西北部、近中山东路一侧的基座上，洁白的大理石上镌刻的金色碑铭"上海市人民英雄纪念塔"是陈毅的亲笔。此前，陈毅建议在外滩建造一座"上海市人民英雄纪念塔"，以示对人民英雄的敬仰和缅怀。这一设想得到了当时的华东局、上海市委和市政府的赞同和支持。

奠基典礼举行的第二天，即 1950 年 5 月 29 日，《解放日报》以显著位置全文刊登了《上海市人民英雄纪念塔碑文》：

"伟大的人民解放战争中，在上海牺牲的人民英雄们永垂不朽！"

"三十一年以来英勇的人民革命斗争中，在上海殉难的人民英雄们永垂不朽！"

"由此上溯到一千八百四十一年以来，为了反对内外敌人，争取民族独立解放，争取人民自由幸福，在上海历次斗争中牺牲的人民英雄们永垂不朽！"

细心的读者不难发现，碑文中"由此上溯到一千八百四十一年以来"一语，显系"由此上溯到一千八百四十年以来"之误。1950 年 6 月 1 日，市府办公厅专门在《解放日报》上为此发表《重要更正》。

纪念塔后因故未兴建。1987 年上海市人民政府根据市人民代表大会八届六次会议提案，决定仍在黄浦公园兴建上海市人民英雄纪念塔，所需资金采用集资办法筹集。上海人民在很短时间内就捐资 1100 余万元。1988 年 11 月破土动工，1991 年 1 月纪念塔主体工程打下了第一根桩。1994 年上海解放 45 周年纪念日正式建成。

陈毅塑像落成揭幕 链接一

1993 年 9 月 28 日，为永远纪念无产阶级革命家、政治家、军事家陈毅对解放上海、改造上海、建设新上海的特殊功绩，新中国第一任上海市市长陈毅元帅的铜像在外滩矗立。

塑像全身高 5.6 米（连台座高 9 米），由著名雕塑家章永浩设计，以青铜浇铸，再现了陈毅元帅勤恳为民、和蔼可亲、虚怀若谷的公仆形象，表达了上海人民对陈毅为解放上海、建设上海立下不

◎ 坐落于南京东路外滩的
陈毅铜像

朽功勋的崇高敬意和深切怀念。

　　陈毅，四川省乐至县人。1923 年加入中国共产党，上海解放后任中国人民解放军上海市军事管制委员会主任、上海市第一任市长、华东军区第一书记等职。陈毅曾亲自指挥解放上海的战斗，使上海这座大城市完整地回到人民手里；亲自领导接管上海的工作，建立上海人民政府的运行机制；亲自带领全市人民恢复生产、安排生活，开展反封锁、反轰炸的斗争；亲自领导"五反"（反对资产阶级行贿、反对偷税漏税、反对盗窃国家财产、反对偷工减料、反对盗窃经济情报）运动，关心上海的文化教育事业，重视知识分子工作，率领上海人民经受了抗美援朝战争的考验，为上海的进一步发展打下了扎实的基础。1954 年 11 月，陈毅任国务院副总理后又兼外交部部长，1958 年起不再担任上海市长。

五卅运动纪念碑

1985年5月，五卅运动60周年之际，中共上海市委、上海市人民政府及上海市总工会在人民公园北侧举行五卅运动纪念碑奠基仪式。1990年5月，五卅运动纪念碑落成。

五卅运动纪念碑由主雕塑、副雕塑、纪念墙和背景浮雕组成。主体是一座高15.6米、宽21米、重50吨由"五卅"两字组成的不锈钢雕塑，呈放射状，象征振奋、腾飞向上的精神。中间是一座高3米、宽4米、重3吨多，由两个不屈不挠的工人形象组成的青铜雕塑，表现了中国工人阶级前仆后继、英勇斗争的革命精神。西侧的纪念墙高5米、宽24米，两面镌刻着老一辈无产阶级革命家陈云题写的"五卅运动纪念碑"碑名和陆定一撰写的碑文。南北两侧分别为高4米、宽12米的两块碑体，背面各有一组展现五卅斗争历史的青铜浮雕。碑体、地坪、道路和基座的花岗石，均采自泰山，寓意烈士牺牲比泰山还重。

◎ 位于人民广场下沉式广场的五卅运动纪念碑雕塑

05 人民公园

1951 年 8 月 27 日，市军管会下令收回跑马厅。跑马厅为今南京西路、西藏中路、武胜路和黄陂北路四条路所围成的区域，原是上海县城西北部一片水网地带，1862 年，跑马总会在英领事馆支持下向上海道台提出征用泥城浜（今西藏中路）以西地段开设第三跑马场，围圈 460 亩，以每亩 30 两低价强行购下，建造第三跑马场，后称跑马厅。

1951 年 9 月 7 日，人民广场辟建典礼举行，广场北部建人民公园，由上海市工务局投资改建。第二年 10 月 1 日公园对外开放。市长陈毅题写园名。公园东邻西藏路，南接人民广场，西连当时的上海图书馆，北界南京西路，占地 12.21 万平方米，其中水面 3300 平方米。公园东北部有张思德塑像；中部有风光楼茶室、露天剧场、舞厅等建筑；在草坪北侧有大画廊，丛林中设石桌、石凳，供游人小憩、对弈或野餐；西部是园林建筑较集中的地方，有亭、廊、榭、假山、水池以及紫藤廊架，植物品种繁多，并形成以海棠花等花卉为特色的园艺风格。游人赞叹道"拔地高楼凌碧空，公园游玩乐无穷。草坪处处欢歌舞，绿女红男笑画中"。

20 世纪 90 年代，随着地铁人民广场站、地下水库、九江路拓宽等市政工程的建设开工，公园面积减少到 9.82 万平方米。2005 年起，公园里的相亲角又成为一道奇特的城市风景。

荒地上建起的蓬莱公园 链接一

1952 年，经上海市人民政府批准，大同大学附中的一块荒地被辟建为公园。建园工程由市工务局园场管理处造园科设计，1953 年 5 月开工，同年 10 月 1 日对外开放。建园初期，大门外置一对石狮子，入口处叠一座小假山，园东南建曲形长廊，园中心辟 4000 平方米的大草坪，园西北建四角和六角竹亭各一座，西南隅开挖小河，河旁建一座八角竹亭，并辟有 600 平方米的儿童乐园，设施较简陋。以后增建了喷水池。1958 年将原在豫园的李平书铜像迁至园大门南面围墙边。1963 年园林管理部门与邻近单位达成协议，以易地方式取得 3900 平方米土地并入公园。1973 年采购山石两千多吨砌驳山坡。1974 年在假山

◎ 80年代的蓬莱公园

东侧开挖池塘。1976 年以后，相继开辟梨园、杜鹃园，重建蓬莱轩，新建九龙壁、溪山亭、扇亭、鹃亭，翻建仿古画廊，1981 年又把梧桐路上清末建的清赏亭迁建入园内。与此同时，从上海市及邻近地区搜购明、清两代的石碑、石雕、石台、石凳等几百件石制品置于园内，从而使公园增添了几分古文化的韵味。全园面积 2.76 万平方米，年游人量超 120 万人次。

从泉漳会馆到南园公园

链接二

位于龙华东路 800 号的南园公园，原系闽南同乡泉漳会馆旧址，习称"南园"。民国 16 年（1927 年）和民国 20 年（1931 年）经两度改建，在此开办过泉漳中学，曾是中国共产党的地下活动场所。八一三事变中，毁于日军的炮火。1957 年 1 月在市第二届人民代表大会第一次会议上，人民代表提出将南园改建为公园的提案。同年 4 月，市园林管理处将此地辟建为公园，同年 10 月 15 日开放，园名沿用习称，叫做"南园公园"。园内原泉漳中学

◎ 南园大门

教学楼已作别用，楼北有池。1985 年在池北建"益寿楼"老年活动室。大门入口处有假山、小亭、空心照壁、紫藤架长廊等。园东部，北有游亭，中设儿童乐园，东南置立体花坛、水榭、伞亭等景观。全园面积达 15838 平方米。

06 文化广场

1952 年 4 月，上海市军管会决定将逸园跑狗场由以前的赌博场所改建为人民文化设施，兴建文化广场。逸园跑狗场位于永嘉路、陕西南路、复兴中路、茂名路间，占地 78 亩，1928 年由法商创办，主要用于跑狗赌博，是旧上海最主要的赌博场所之一。

1954 年，上海文化广场基本建成，广场为钢屋绗架结构大会场，可容纳 1.5 万人，并新建 1224 平方米舞台和 1920 平方米后台。文化广场建成后，成为上海重要的政治、文化活动场所，党和国家领导人周恩来、刘少奇、邓小平、陈毅等先后在此作重要讲话。因为要支撑起上海最大的屋顶，所以在会场里有不少的柱子，坐在柱子后面的人开会，只要耳朵听就行了，看演出就有点麻烦了，一柱障目。会场里全是长条凳子，当年没有空调，夏天为了通风的需要，场馆的两边是镂空的，到了冬天，场馆的两边搭起了芦席棚来遮挡寒风。1964 年 5 月，第五届"上海之春"音乐会隆重开幕，这届"上海之春"推出了一台由 3000 人参加演出的大型音乐舞蹈节目《在毛泽东的旗帜下高歌猛进》，也称"大歌舞"。演出很精彩，尽管文化广场内柱子很多，坐在柱子背后或场子后排的观众会看不见或看不清舞台上的演出，但人们还是如潮水般地涌入文化广场。大型舞蹈史诗《东方红》就是在此基础上加工完成的。

1969 年冬天，由于房修队的工人操作不慎，点燃了芦席，酿成了大火灾，文化广场原地重建。重建后的文化广场观众座位从 15000 个减少到了 12000 个，原先的文化广场两边是镂空的，重建后成了全封闭型的。

精文花市

链接一

如今，有一定年纪的上海人还记得去文化广场看《卖花姑娘》的情景。1973 年 5 月，朝鲜平壤歌剧院来到上海，在重建后的文化广场演出歌剧《卖花姑娘》。或许很多人对《卖花姑娘》的剧情已经有点记不清了，但对当年眼泪汪汪哭成一片看演出的情形还印象深刻。当年有人说要去文化广场看《卖花姑娘》，家人或朋友就会提醒，手帕带了吗？

当年上演《卖花姑娘》的地方后来建成了上海最大的卖花市场——精文花市。那是 1997 年的事了。在文化广场边上的永嘉路上原来就有小商贩们沿街卖花，后来

◎ 精文花市

形成了一条花街，影响了交通。市文化系统内的精文公司看好了这一点，就投资把已经停用多时的文化广场，改建成了一个花卉大超市。居住在附近的居民十分高兴，当时 1 元钱就能买到 10 枝花，他们没事经常逛花市。

由于这里的花卉品种多，价格便宜，消费者趋之若鹜，花市的名气越来越大，甚至在世界上都小有名气。不少上海青年人一度对文化广场这一名称感到陌生，他们熟悉的是精文花市。这里的剪花供应量占到国内市场的六分之一，足见其影响。

链接二

亚洲最大的地下音乐剧剧场

2015 年 9 月 3 日，大型原创音乐剧《犹太人在上海》在上海文化广场举行全球首演。后世博时代的上海文化广场又一次露出了美丽的面容。2011 年 9 月 23 日，改建后的文化广场正式启用。文化广场坚持"文绿结合，以绿为主"的基本定位，整个占地面积 4.73 万平方米，其中 2.6 万平方米为开放式公共

◎ 文化广场今貌

绿地，绿化面积 55.6%。剧院建筑面积 6.5 万平方米，设 1949 个座位，是世界上最深、最大、座位数最多的地下剧场，也是国内第一家以演出音乐剧为主的专业剧场。

文化广场的历史是一座城市的集体记忆，为了留住历史的记忆，这里还有一处下沉式的露天广场，上面顶着一片原文化广场屋顶的网架结构，这片广场也成为新时代上海的一个市民文化中心。

文化广场不断变化的历史所折射和见证的是时代的变化、城市的变化、社会的变化。

1952年7月1日，《解放日报》第二版刊出一则新闻《上海市革命历史纪念馆经一年修建已初步完成》，文中写道："在上海复兴公园北面兴业路、南昌路、太仓路这几条毗邻的路上，有三个在中国革命历史上有着极其重要意义的房屋。这就是中国共产党诞生的地方——党举行第一次全国代表大会的房屋，党成立后的第一个总部，以及在党的第一次全国代表大会前后毛主席等代表住宿的地方。去年中共上海市委曾派了专人，经过几个月的勘察和对证，找到了原来的房屋，经过了修建，恢复了房屋的原状，正式成立了上海革命历史纪念馆第一馆、第二馆和第三馆。在纪念中国共产党成立三十一周年的今天，这几个纪念馆的成立，应是极有意义的事。"上海革命历史纪念馆第一馆就是中国共产党第一次全国代表大会旧址。开会时的地址是望志路106号，现在是兴业路76号。

　　1963年3月4日，一大会址被国务院公布为全国重点文物保护单位。1997年，被命名为全国爱国主义教育基地。1984年春，邓小平为纪念馆题写"中国共产党第一次全国代表大会会址纪念馆"馆名。1998年6月10日，一大会址改扩建工程正式开工，总建筑面积2316平方米。1999年4月30日竣工。

韬奋纪念馆 链接一

　　1956年，中央文化部批准在重庆南路205弄53、54号邹韬奋曾经居住的寓所建立韬奋纪念馆，1957年7月24日开建，次年11月5日邹韬奋诞辰63周年纪念日正式开馆。韬奋纪念馆是为纪念中国新闻记者、政论家和出版家邹韬奋而建立的故居性人物纪念馆。

　　53号作为辅助陈列室，陈列图片、实物并辅以文字说明，反映了邹韬奋的生平和思想发展，如邹韬奋最后遗著《患难余生记》手稿、用过的钢笔等。还陈列了国家领导人的题词。54号按原状恢复韬奋故居，系邹韬奋在20世纪30年代居住和工作的地方，按原状布置，展出实物绝大部分是原物。馆内藏品共3378件，其中一级品17件。主要有：邹韬奋手迹、遗稿、遗物、生活用品、著译的各种版本、主编的刊物原版本、未公开发表过的文章；邹韬奋和他的战友胡愈之、徐伯昕创办的生活书店当年的出版物；生活书店的主要档案，如会议记录、内部刊物《店务通讯》等；当年重大事件的历史资料，如救国会、"七君子"事件；党和国家

◎ 韬奋纪念馆外景

领导人毛泽东、朱德、周恩来、叶剑英、宋庆龄、邓颖超的题词手迹或复制件；重庆、延安等地召开的追悼会上的挽联挽词手抄本等珍品。

1959 年 5 月 26 日，该馆被定为上海市级文物保护单位。2003 年 1 月，纪念馆被上海市人民政府命名为"上海市爱国主义教育基地"。同时为青少年举行 18 岁成人、入队、入团仪式等活动免费提供场地和帮助。

渔阳里团中央机关旧址纪念馆

链接二

淮海中路 567 弄 6 号（原霞飞路渔阳里 6 号）是一幢砖木结构二楼二底旧式石库门里弄建筑，1920 年这里发起成立了中国第一个社会主义青年团组织。2002 年，新渔阳里 1—4 号 13 户居民动迁。同年 12 月底，国家文物局正式批准旧址整修扩建工程方案。经过招投标，工程由同济大学设计院承担设计，上海美达装潢公司负责施工。改建工程自 2003 年 4 月 8 日正式开工，6 月 6 日完

◎ 中国社会主义青年
团中央机关旧址

成结构封顶。

由于渔阳里是条老弄堂，地面沉降严重，再加上周边淮海路、国际购物中心等均已抬高路面，导致该弄处于洼地之中，平时下小雨弄内就会积水，一旦下大雨，水深过膝且持久不退。经年累月，5—7号的地板虽在1988年被抬高，但仍被泡酥。室内木立柱地板以下的底部被闷烂。屋脊木梁从中间向下弯曲、屋顶坡面变形。为此，有关部门先实施"小包围"工程（专门解决所在小区洼地的排水问题）；再将5—7号的原来地板全部拆除，重做地坪后，把地板恢复至原来位置。木立柱底部闷烂部位，全被截去，换成新的。屋面全部翻新，变形的木梁全部被更换。2003年年底，土建工程基本完成后，再按公开程序确定布展施工方。上海美术设计公司于12月1日进场，于2004年4月26日竣工开馆。

经过两年的努力，在纪念五四运动八十五周年前夕，青年团成立八十四周年之际，全国第一个青年团纪念馆即团中央机关旧址纪念馆终于落成。2004年4月26日，举行了隆重的开馆仪式。

08 百年铸就教育奇葩——上海第二医学院建院

1952 年 9 月，华东军政委员会卫生部根据中央教育部关于全国高等学校院系调整的决定，将震旦大学医学院、上海圣约翰大学医学院及上海同德医学院合并，于重庆南路震旦大学校址成立上海第二医学院。1958 年，国家实行高校管理体制改革，第二医学院成为上海市的地方院校。1980 年，国家教育部确定上海第二医学院为全国重点高校。1985 年，市政府批准上海第二医学院更名为上海第二医科大学。2005 年，上海交通大学、上海第二医科大学正式合并，组建上海交通大学医学院。

学校建立后，诞生了一项项医学奇迹。1953 年，上海第二医学院附属宏仁医院和仁济医院相继开展心血管疾病的研究。在动物实验的基础上，成功地施行心脏二尖瓣狭窄分离术，填补了国内这一空白。1957 年 1 月，附属仁济医院成功进行国内首例低温麻醉心内直视手术，使二医心血管外科上一个新台阶。1958 年 5 月，附属广慈医院成功抢救了烧伤面积达 89% 的炼钢工人，创烧伤治疗纪录。1966 年，附属广慈医院又成功救治了烧伤面积达 92% 的特大面积烧伤病人，首创"混合皮肤移植法"这一烧伤治疗方式的重大突破，在国内外广泛应用至今。1977 年 10 月，瑞金医院外科为一名原发性肝癌患者施行国内首例同种原位肝移植手术获得成功，填补了国内器官移植的空白。1978 年，胸外科经过长期研究和准备，成功实施了国内第一例同种异体心脏移植手术。

曙光医院建院

链接一

曙光医院创建于清朝光绪三十二年（1906 年），由宁波同乡会创办，在爱来格路宁寿里四明公所内设有病房。1921 年由四明公所董事发起募捐，在原址建造医院。1922 年秋，医院建造完成，取名"四明医院"。1953 年，更名为"上海市第十人民医院"。1960 年 4 月 8 日，与上海市第一所中医医院——市立第十一人民医院合并，成立上海中医学院附属医院，取名"曙光医院"，是一所三级甲等综合性中医医院。

合并后的中医科室设有内、外、痔、伤、针灸、推拿、喉、儿、肿瘤、妇科等。设有病床 450 张，全院工作人员 502 人，其中医师 127 人。医院成立后，成立中药制剂研究室，研发的感冒退热冲剂获国家银质奖。1964 年，与外科合作开展针刺麻

◎ 20世纪60年代初的曙光医院

醉科研工作，成功完成第一例在针刺麻醉下的胃切除手术。1979年，中医外科下设的痔科研究的"消痔灵"注射液获国家重大科技成果奖。改革开放后，医院进入快速发展时期，1984年至2015年，医院连续16次蝉联上海市文明单位。1986、2004年分别获全国卫生先进集体。1991年，获全国百佳医院。2010年，获国务院颁发的上海世博会先进集体。

链接二

黄浦区中心医院

黄浦区中心医院原为上海市第四人民医院分院，1952年10月1日创立于四川中路109号。1954年改为上海市第二公费医疗医院。1957年移交黄浦区管理，改用今名。1981年1月，设分门诊部于九江路150号。1979年设立激光医疗中心。1988年起，陆续增辟上海乳房疾病专家会诊中心及前列腺、泌尿、内分泌、免疫等专科门诊19个。1990年9月，在北京西路130号增设中医分院。

1998年10月，本着"优势互补、资源共享"的原则，在原黄

◎ 黄浦区中心医院大门

浦区中心医院的基础上，联合原黄浦区红光医院、黄浦区中医医院、黄浦区结核病防治所、黄浦区妇幼保健所，共同组建了一所二级甲等综合性医院，经上海市卫生局批准，定名为"黄浦区中心医院"。它由总部和黄浦区中心医院九江路中医门诊部组成。

医院拥有齐全的临床、医技科室40余个，先后成立了上海乳腺疾病专家会诊中心、上海激光医疗中心、眼科白内障复明分中心、上海胆道会诊中心、黄浦CT中心诊断室等，拥有上海市医学领先专业医疗特色专科——石氏伤科，区优势学科——乳腺外科、核医学科。此外还建有心血管专科、肾内科、内分泌科、泌尿外科、胸外科、放疗科、胆道专科等特色专科，以及以石氏伤科为龙头，又汇集沪上名老中医于"名医苑"的内、外、妇、儿、针、推、伤、痔科齐全的中医门诊。2018年，黄浦区中心医院搬迁改建成九院黄浦分院。

09 卢湾中学——上海首批新建的完全中学

1953 年，上海首批新建的完全中学——卢湾中学建校。新中国成立后，为适应我国社会主义政治、经济的发展，政务院文化教育委员会提出，全国文教工作总的指导方针是"整顿巩固，重点发展，提高质量，稳步前进"，普通教育的任务是"适当发展中学，大力办好高级中学和中级示范学校，提倡民办小学"。上海积极贯彻这一方针，重点发展中学，特别是完全中学。上海市政府除对原有中学进行调整、合并、扩建、改造，充分发挥校舍潜力外，还投资新办了大批中学，贯彻向工农开放的方针，在工人住宅区建造大批完全中学。1953 年，上海市人民政府在普陀、杨浦、卢湾三区的工人住宅区创办曹杨中学、控江中学、卢湾中学，成为新中国成立后上海首批新建的三所完全中学。国家为此投入大量财力、物力新建校舍，学校主要招收工人子弟和华侨子女。同时稳步进行教育改革，以教学为中心，全面贯彻教育方针，努力提高教育质量。

卢湾中学位于斜土路 855 号，1959 年被确立为上海市首批 10 所市重点中学之一；1999 年初、高中分离，初中部与宏德中学合并，高中部与上海市第十二中学高中部合并，更名为卢湾高级中学。

| 链接一 | 明珠高级中学——上海市首批民办中学 |

1992 年 7 月，上海市首批五所民办中学之一——上海市明珠高级中学成立。

1992 年，在邓小平"南方谈话"精神的鼓舞下，上海掀起了民办之风，杨波中学、杨波外国语小学、新世纪中学、新世纪小学、明珠高级中学共 5 所学校成为上海市首批民办中小学。黄浦区政府积极推动教育体制改革，希望通过民办学校的体制机制改革，改变公办学校的僵化模式，为基础教育带来新鲜血液和活力。创办伊始，面临缺少校舍的问题，最初借浦东的校舍，因坐落东方明珠电视塔下面，故学校取名"私立明珠中学"，也寓意学校成为黄浦区教育实践上的一颗"明珠"，成为上海民办中小学中的一颗"明珠"，成为 21 世纪的明珠诞生之地。学校后来几经迁移，最终搬至黄浦区云南中路 35 号。

明珠中学于 1997 年 5 月建立董事会，董事会由上海恒源祥绒线有限公司等七家

◎ 明珠中学教学楼

企业，及黄浦区区域内社会各界有关人士、区教育界知名人士、明珠中学校长等组成。初建时的学校名称为"私立明珠高中"，1997年完成高中生的教学任务，学校董事会决定不再招收高中学生，改招初中学生。2001年6月，学校正式更名为"上海市民办明珠中学"。

明珠中学以"敢于第一个吃螃蟹的"开拓精神，尝试基础教育办学的新生事物，没有成功的经验可借鉴，边实践边探索，克服重重困难，显示了新生事物强大的生命力。

链接二

上海市第一所以创意设计为特色的中学

2016年6月8日，黄浦区政府与同济大学签订战略合作框架协议，黄浦区教育局和同济大学设计创意学院合作创办公办中学———同济黄浦设计创意中学，成为上海市第一所以创意设计为特色的中学。2017年，上海市同济黄浦设计创意中学成立，4月正式对外招生。校址有两处，分别为四川中路599号（原浦光中学）和虎丘路95号。

◎ 同济黄浦设计创意中学

　　同济黄浦设计创意中学依托格致教育集团、同济大学设计创意学院教育资源，为在校学生提供高品质、高水准的基础型课程与具有国际视野、以"设计思维"为导向的拓展型、研究型课程。一方面依托格致教育集团优秀教师团队，负责承担60%基础型课程教育教学及相关配套师资；另一方面发挥同济大学设计创意学院的优势，提供40%具有国际视野的拓展型、研究型课程计划及推动实施，并开发以设计思维为核心的交叉学科课程等。双方共同开发具有国际视野的各类型课程，借鉴美国、芬兰等国先进的中学教育理念，根据中国教育实际需求，以PBL（项目教学法）为核心教学法，实践以学生为中心的积极、主动、开放、互动的体验式学习模式，打造基础型课程（强调知识输出）与创新型课程（强调体验式学习）相结合的平台，并向黄浦区区内学校推广教学理念。

10 填浜改造"上海龙须沟"

1954 年 10 月，被称为"上海龙须沟"的肇嘉浜填浜埋管工程正式上马。这是第一个五年计划期间上海的重点建设工程之一，规模相当巨大。填平了 3.1 公里长的臭水浜，埋设 5000 多米的大型污水管，管径系达 1900×1900—2800×3140 毫米的钢筋混凝土现浇马蹄形管道，其中通向日晖港的一部分管道宽 2.4 米、高 3.8 米，连汽车都可进出。同时，在日晖港北端，建成肇嘉浜泵站，种植常绿乔木和灌木 139586 株。据统计，工人们共从郊区运土 15 万立方。倘若用这些土堆在市中心，它可以垒成一座超过国际饭店两倍的高山。每逢周末，市政工人和数以万计的学生、干部、市民到施工现场参加义务劳动。肇嘉浜地面则修建成东西向双行车道，全长 3000 米、宽 40 米（以后扩展到 63 米），大道中间成了当时上海最大的林荫大道和街心花园。整个工程费时两年零三个月，提前九个月竣工。

肇嘉浜原是条碧波荡漾的清水河，宽 30 米、深 3—4 米，上游与徐家汇一带水网相连，直通泗泾、七宝，下游在洋泾浜（今延安东路）附近，注入黄浦江。20 世纪 30 年代，日军在侵占上海期间，在肇嘉浜上游徐家汇一带断浜截流，修筑军用道路。从此，肇嘉浜成了一条断头浜，河床逐年淤浅，终成臭水浜，腥臭、污秽、蚊蝇滋生，漆黑一片。战乱中，许多人流落到肇嘉浜附近，地面上搭满了"滚地龙"，水上搭起了一间间"水上阁楼"，肇嘉浜成了上海最大的水上棚户区。上海解放后，1951 年至 1953 年，分别在斜徐路、华山路王家宅等低洼地区埋设排水管道，增设消防龙头，沿浜装置自来水和电灯设备，建造公共厕所，增设垃圾箱，使生活条件、卫生和安全状况有了改善。

1956 年 12 月 26 日，填浜后的肇嘉浜被正式命名为"肇嘉浜路"，从"浜"到"路"包含了巨大的变化，沿路市民的生活环境得到了极大的改善。

日晖港整治工程

链接一

日晖港系黄浦江支流，原与肇嘉浜相连。1957 年肇嘉浜填埋后，日晖港成为排污通道，岸边设有垃圾粪便转运码头及建材码头，由此河道拥塞，河水终年黑臭。在改革开放的新形势下，日晖港改造受到市、区人大代表的关注和上海市人大常委会、上海市人民政府的高度重视。1991 年 9 月 26 日，市政府确定了"填浜、埋管、拓

◎ 日晖港今昔

路、绿化"的日晖港环境综合整治方案。1992年10月23日,日晖港从康衢桥到打浦桥段全线封港整治。在从日晖港肇嘉浜泵站至中山南一路康衢桥的1100米河道里埋置箱涵,用于排放雨污水;填埋后的河道连同日晖东路、日晖西路被改造成路幅宽28—50米、"四快二慢"6车道的主干道路,路中为4—5米(近肇嘉浜路约100米路段为10—15米)宽的绿化带。

1994年12月23日,投资2个亿的日晖港埋管填浜筑路工程经过两年多的紧张施工顺利竣工。从肇嘉浜路到中山南一路,昔日臭气弥漫的日晖港从上海的版图上抹去,取而代之的是一条宽阔平坦的瑞金南路,路中间隔离带草木葱茏,四季常青。

<table>
<tr><td>链接二</td><td>黄浦江苏州河交汇处的『黑线』消失了</td><td>苏州河的污染从20世纪20年代就开始了,到50年代,苏州河流域集中了近千家企业,人口超过300万,工业和生活污水大量流入河道,河水又脏又臭,就像是上海城区胸口的一条黑带。政府虽然一直在想办法治理,但是治理的速度赶不上污染的速度。到七八十年代,上海境内53千米长的苏州河已全线黑臭,苏州河与黄浦江交汇处常年存在一条明显的"黑线",苏州河的污染到了再也不能容忍的地步。1983年,苏州河治理作为世界银行在中国的首个投资项目动工了。人们首先将苏州河</td></tr>
</table>

◎ 20世纪80年代，市政府着手解决苏州河污染问题。经过大力整治，苏州河终于旧貌换新颜

以北255万居民产生的生活污水和这一地区的工业废水全部截流，不再排入苏州河及其支流，而是用管道输送到吴淞口，深入长江水底排放到大海。这项工程于1993年完工，之后，苏州河河水不像从前那么黑了，但是污染情况还没有根本扭转。

1999年12月25日，苏州河综合整治一期工程正式开工，石洞口城市污水处理厂是其中的一个重要子项目。这是当时全国最大的污水处理厂之一，苏州河支流截污工程的部分污水（北片）输送到这里，经过二级处理后排放长江。这座工厂也是苏州河治理的根本保障。1998年开始，定期向苏州河输氧。一般在输氧后20小时，臭味就可基本消失。2000年5月至9月，又为苏州河"灌肠"，即从黄浦江上游引来清水，通过泵站灌入苏州河，经反复多次冲洗，将河道里存留底层表面污物全部带走。2000年8月，苏州河开始复苏，水中出现了浮萍和土生土长的"餐鲦鱼"，水色变为青黄色，臭味全无。2011年1月6日，上海市民期盼已久的苏州河中心城区段底泥疏浚工程全线启动。这是"沉睡百年"的苏州河黑臭底泥首次得到大规模疏浚。

经过长达20余年的治理，苏州河真正再现了昔日风姿。作为上海世纪繁华和坎坷记忆的不朽见证者，这条沉淀了城市的兴盛、往事、传说，也饱受了工业文明污染之苦的河流，终于成为阅读上海历史的新景观地标。

11 欢庆社会主义改造基本完成

1956 年 1 月 21 日，在蒙蒙细雨中，上海市党、政、军领导和文艺、科技、新闻、宗教、工商、工人、农民、少数民族、烈军属、归国华侨等社会各界代表约十多万人，出席了在人民广场举行的庆祝社会主义改造胜利大会。上海是中国民族资本主义工商业最集中的城市，在全国具有举足轻重的地位。从 1954 年起，一个新词："公私合营"，频繁出现在报纸和文件上。这一年 9 月 15 日至 28 日，第一次全国人民代表大会在北京召开。大会通过了第一部《中华人民共和国宪法》，规定："中华人民共和国依靠国家机关和社会力量，通过社会主义工业化和社会主义改造，保证逐步消灭剥削制度，建立社会主义社会。"上海解放后，特别在党的过渡时期总路线公布后，上海先后采取加工订货、全面安排、逐步替代、经销代销、公私合营等方法，对资本主义工商业进行社会主义改造。同时，引导农业和手工业走合作化道路。至 1956 年 1 月 20 日，副市长曹荻秋宣布批准全市尚未合营的 205 个行业、106274 户私营工商业实行公私合营，上海对资本主义工商业、农业和手工业的社会主义改造基本完成，并建立起以公有制为主体的社会主义经济制度。1 月 21 日，在人民广场举行庆祝大会。下午 2 时整，副市长许建国宣布庆祝大会开始，并宣布："上海市这个中国资本主义工商业最集中的城市，已经进入社会主义社会了。"随后游行开始，一时间，数不清的龙灯亮起、"狮子"舞起、腰鼓打起、秧歌扭起、高跷踩起，荡湖船、打莲湘、民间乐器表演起来，在人民广场、在马路上载歌载舞地庆祝起来。大家一起欢庆社会主义改造的胜利，共同欢呼上海市进入社会主义社会！

永安公司公私合营

链接一

上海工商业的公私合营，在 1953 年底开始启动。12 月 24 日，上海宣布了 14 个厂的合营试点。一些工商业者表现出了一种意料之外的积极态度，很快就有 170 余家以书面或口头申请合营。半年多后，到 1954 年 8 月，申请公私合营的私营工厂达到 2000 余户。看到工商界一些有识之士争先恐后向政府申请公私合营，永安公司坐不住了。1955 年 11 月 21 日上午，公司总经理郭琳爽主持召开董、监事联席会议，讨论公司申请公私合营这一重大问题，会上，一致

◎ 上海永安公司庆祝公私合营

同意申请公私合营。当天下午即将申请书经工商联送上海市第一商业局。两天后，上海市第一商业局复文正式批准上海永安公司公私合营，并责成中国百货公司上海市公司会同上海永安公司进行合营的筹备工作，由公方代表 3 人、职工代表 7 人、资方代表 5 人组成上海永安公司的合营筹备委员会，并由三方面各派若干人组成办公室，下设人事、清产、核资、业务 4 个组，开展各项工作。合营筹备委员会经过反复协商，对企业的定名、领导权、董事会、定息、人事安排等各项重大问题达成协议。1956 年 1 月 14 日上午，在永安剧场举行大会，宣布公私合营上海永安公司成立。政府领导部门派人到会祝贺，公司全体职工的代表宣读了保证书。会上气氛热烈，职工感慨万分，说"这是公司开业 37 年来未有过的盛况"，郭琳爽亲自燃放鞭炮并登台演唱粤剧，同职工一起庆贺。

上海市第一家饮食摊贩合作小组成立

链接二

1955 年 12 月，广东路四川路口 4 个饮食摊经自愿申请批准，成立全市饮食摊贩第一家集体经营、独立核算、自负盈亏、按劳分配的社会主义集体所有制企业——黄浦区饮食摊贩第一合作小组，在广东路 52 号正式开业。12

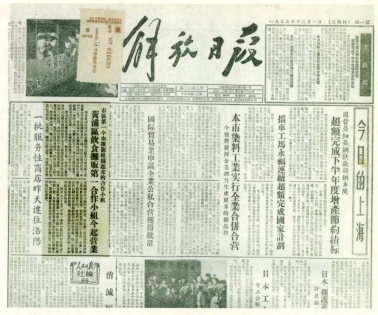

◎ 《解放日报》刊载上海市第一家饮食摊贩合作小组成立

月1日，这个合作小组在新租的铺面里开始营业。清晨，组员们穿着洁白的工作服，戴着工作帽和口罩，招待着特别拥挤的顾客。这一天，各区有近千名摊贩前来祝贺和参观。

这个合作小组由黄浦区四户经营面条、大饼、菜饭、豆浆的摊贩组成。由于在马路边、弄堂口分散摆摊，普遍感到资金少、人手不足，困难很多，因此联名向黄浦区人民委员会申请组织起来，很快得到了批准。上海市第二商业局和黄浦区人民委员会派出工作人员，帮助他们制定小组章程，规定各项制度。各摊的摊主、职工和两名参加劳动的家属共八人都成为组员，民主选举了组长和副组长。合作小组的成立使他们节省了开支，原来四个摊贩使用八个炉子，合作小组成立后只用了六个炉子，其中一个专门用来给食具消毒。由于成本降低，他们出售的拌面和牛肉汤每份价格比分散经营时分别降低了两分钱和五分钱。

12 上海诞生的新中国第一个世界纪录

1956 年 6 月 7 日，在上海市体育馆举行的"中国人民解放军、上海联队与苏联举重友谊赛"中，年仅 20 岁的陈镜开参加了最轻量级的比赛。在挺举第一次试举中，就成功地举起了 125 公斤。紧接着他要求把重量加到 133 公斤，这个重量超过了世界纪录 0.5 公斤。由于太紧张，陈镜开第一次 133 公斤没有举成功，但终于在第三次试举中，以一个漂亮的箭步分腿上挺，把杠铃高高举过了头顶。国际裁判员表示成功的白色信号灯一亮起，全场观众沸腾起来了，因为这个成绩打破了美国运动员C·温奇保持的 132.5 公斤的最轻量级挺举世界纪录。新中国体育史上的第一个世界纪录诞生了！它掀开了中国各项体育运动向世界水平迈进的第一页，开创了中国举重运动发展史上的新纪元。

这座体育馆前身为"回力球场"，建于 1929 年。新中国成立后，经过整修，改为上海市体育馆，经常举行篮球、排球、乒乓球、羽毛球、武术等体育活动。1956 年 6 月的中苏举重友谊赛也安排在上海市体育馆内举行。1975 年，徐家汇南面建造了新的上海市体育馆。这里便改为上海市卢湾区体育馆。20 世纪 90 年代获准拆除大部分体育馆建筑，建造为上海首家巴黎春天百货大厦。

乒乓冠军的摇篮

链接一

巨鹿路第一小学（简称巨一小学），前身是创办于 1913 年的私立铁华小学，1957 年改为公立。1959 年，我国选手容国团首获世界乒乓球锦标赛男子单打冠军后，上海掀起了乒乓热。同时期，学校为贯彻"德智体"全面发展的教育方针，选择适合的运动项目开展体育活动。当时学校有 29 个班级，可活动场地只有 90 平方米左右。于是，学校因地制宜、因陋就简选择开展乒乓球运动。最先是用桌子、地板当球台，后来发展到在"五块板"（菜板、门板、地板、铺板、洗衣板）上热火朝天地开展群众性乒乓球活动。学校大胆尝试制定了新的教学组织安排，把同一年级中的乒乓球骨干队员集中在一个班级，确立每个年级建立一个"乒乓班"的新制度，"乒乓班"学生的选拔注重思想品德好、学习成绩好，学校的优质资源向"乒乓班"倾斜，选思想作风好、业务能力强、责任心强的老师担任"乒乓班"班主任，把文化教学与乒乓训练统一起来。经过一段时间的实践，"乒乓班"的"三好"

◎ 巨一小学的学生在认真练习

学生在全校学生中的比例，超过了其他班级。这样坚持了三年，在1962年和1963年，上海市小学生乒乓球比赛中，学校蝉联了男、女团体第一名。1964年，巨鹿路第一小学被卢湾区命名为乒乓重点学校。

这一路走来，该校先后获得全国小学生乒乓赛男女团体冠军20多次，单打冠军18次。向国家队输送运动员10人，向国家青年队、上海市队及其他省市队输送上百人。在这些人中，很多人还获得了世界和亚洲乒乓球比赛的冠亚军，他们中有：黄锡萍、陆元盛、何智丽、唐薇依等，被新闻界誉为乒乓运动的摇篮。校乒乓队还多次受到国家名誉主席宋庆龄和国务院总理周恩来、副总理贺龙，原国家体委主任荣高棠、副主任徐寅生等的关怀和亲切接见。

中国乒乓球博物馆 链接二

2018年3月，世界乒乓球协会与上海市政府合作在上海共同开设了具有国际性、永久性和公益性的博物馆。该馆位于上海市黄浦区世博园区，占地面积5000平方米，馆内设有国际馆和中国馆两大区域。其中，国际馆拥有藏品8000余件，以时间

◎ 中国乒乓球博物馆

顺序设有发轫英伦、竞技风云、燃情奥运、技术演革、魅力乒乓、国际乒联名人堂六个展区；中国馆拥有藏品 3000 余件，根据乒乓运动传入中国以及在中国的发展经历，设有常青之基、铸就辉煌、乒乓之春、科技助势四个展区。馆内还配有先进的 VR 互动体验区、多媒体互动区和 3D 影院。参观者进入馆区不但可以清楚地了解乒乓球的发展史，还可以通过高科技设备亲自感受乒乓球的魅力。国际乒联与上海市政府合作将场馆建在上海，其目的是想借助上海的国际化地位，并结合丰富的馆藏和多元化的手段，继续传播与普及乒乓球文化，增进国际间的交流；同时依托上海人才资源优势，建设国际乒乓球智库基地和国际乒乓球文化共享基地，从而成为传播乒乓球文化、弘扬乒乓球精神的新平台。

13 追踪黄浦区图书馆

1956 年 7 月，黄浦区图书馆正式成立，它的前身是原上海市人民图书馆的老闸区阅览室，馆址为福州路 567 号，1958 年迁至福州路 677 号。馆舍面积 600 平方米。1982 年，根据业务发展的需要，在原建筑物上加建了一层，馆舍面积增加到 800 平方米，阅览座位 150 个，并有了一间 150 平方米的活动室，为开展活动创造了较好条件。1983 年起设立"文化服务部"，并与文汇报社联营，改名为"文汇文化服务部"，经营书刊和文房四宝的发行、销售以及承办复印、胶印等业务，用经营收入购置了《清实录》《明实录》《道藏》《四部丛刊》《民国丛书》《四部备要》以及全套《申报》等影印本大型书刊，使藏书日益丰富。1988 年先后在海运局"长山轮""长河轮"上建立"海上图书服务部"，开展送书上船为海员服务，还与部分工厂挂钩，向科技人员提供图书和技术资料，并且建立预约借书箱，开辟为残疾人送书上门等服务项目；它还创办"音艺厅"，举办音乐欣赏等有声读物视听活动。

1989 年，黄浦区图书馆新馆大楼建成，1990 年 2 月 28 日正式对外开放。新馆大楼共 9 层，总建筑面积 4990 平方米。设成人图书外借处、少儿图书外借处、老年阅览室、少儿阅览室、科技图书阅览室、社会科学图书阅览室、青少年人生心理阅览室、视听资料室、音乐资料参考室、气功图书资料室、心理健康咨询室、幽默博览室，以及音艺厅，共有阅览座位 1000 个，书库面积 1000 平方米。随着新馆落成和规模扩大，书刊实行全开架服务。

卢湾区图书馆

市科技图书馆变身

链接一

卢湾区图书馆创建于 1959 年 1 月，是在原上海市人民图书馆撤销建制后，以该馆原有的图书、设备与人员，并利用原上海市科技图书馆的馆舍组建而成，馆址陕西南路 235 号，馆舍面积 1700 平方米。整个楼房分南 3 层北 5 层。南 3 层底层为视听资料室，二楼东西两厅为阅览室，有座位 250 个；三楼设书画资料和工具书阅览室。北 5 层主要用作书库，装有固定的钢制书架，底层是报刊库，二层是基藏书库，三、四两层做阅览书库，第五层与自选借书厅相连，对外开放。该馆还另辟少年儿童分馆。

馆舍最早为明复图书馆。胡明复，中国在国外获得数学博士学位第一人，参与

◎ 卢湾区图书馆

创建了中国最早的综合性科学团体中国科学社和最早的综合性科学杂志——《科学》。中国科学社为纪念该社创办人胡明复博士，在当时上海的亚尔培路这个位置建筑明复图书馆。1929 年 11 月 2 日下午 3 时，明复图书馆正式举行奠基典礼。董事、主席蔡孑民召开会议，并致开会辞，阐述中国科学社创办图书馆、纪念胡明复博士的意义。理事会代表杨杏佛报告筹备图书馆建筑经过。孙科先生揭开奠石上之社旗，基石上书"中华民国十八年十一月二日中国科学社董事会为明复图书馆举行奠基礼孙科敬书"34 字。1931 年元旦下午 2 时，明复图书馆正式开幕。

南市区图书馆

链接二

南市区图书馆成立于 1960 年 1 月。由原邑庙区图书馆和蓬莱区图书馆合并组成。1956 年，上海行政区划调整，上海市人民图书馆北四川路区阅览室撤销，所有藏书和设备，迁移至城隍庙豫园路 177 号。当年 8 月，在这里成立了邑庙区儿童阅览室，同年 11 月 20 日在宁海西路 36 号正式成立邑庙区图书馆。1958 年，邑庙区图书馆迁万竹街大方弄 43 号。此前，1957 年下半年，蓬莱区将永宁街 14

◎ 南市区图书馆

号的南方剧场改建成蓬莱区图书馆。1960 年，随着行政区划再次调整合并，这两个区图书馆合并成南市区图书馆，馆址即万竹街原邑庙区馆址。同年 6 月 1 日，在永宁街原蓬莱区馆旧址建立了南市区少年儿童图书馆，隶属南市区图书馆。1970 年 12月，南市区图书馆迁至方浜中路 578 号，馆舍面积 1600 平方米，阅览座位 307 个。

　　1990 年 12 月，中华路 990 号的南市区新馆工程破土动工，1992 年 9 月 23 日落成。馆舍面积 3784 平方米，连同地下室共计 8 层，阅览座位 500 多个。一楼设报刊阅览部。二楼设全开架的文学部、少儿外借室和家庭读书指导室。三楼设社会科学部，特辟经济参阅室。四楼设自然科学部和青年导读室；另外还设内部参考室。三、四楼按学科分类，采取借阅一体、开闭架结合的形式。五楼设旅游文化博览部，搜集各种载体的旅游文献，并配以录像视台。还设语音室，作为学习外语的电化教育基地。六楼设读者联谊厅和音艺室，配备高级音响、影碟机、大屏幕彩电等。该馆现为老西门社区图书馆（黄浦区图书馆老西门分馆）。

1957 年 10 月 15 日，周恩来到上海视察工作，上海市文化局在黄浦区友谊电影院安排了一场综合性文艺晚会，其中有淮剧《断桥》《水斗》，这是《白蛇传》中的两个折子戏，筱文艳饰白素贞，杨占魁饰许仙，马秀英饰小青，何叫天饰法海。陈毅陪同周恩来看了演出。晚会结束后，周恩来在休息室接见参加演出的几个剧团的主要演员。周恩来问筱文艳，淮剧团经常在哪个场子演出？筱文艳说淮剧团尚无固定演出场所，上海市文化局局长李太成忙说，局里已经确定将北京东路闹市区的金城大戏院给淮剧团排练演出。周恩来说："好！淮剧场子打算叫什么名字？"筱文艳说："打算叫淮光剧场，因为上海人民淮剧团前身叫淮光剧团。同时，我们要为淮剧争光，所以叫淮光剧场。"周恩来笑笑说："你们想法是好的，我看最好不叫淮光剧场。因为上海人念'淮'是与'坏'同音，他们会把淮光剧场读成坏（音 wa）光剧场，这就难听了。"在场的人都赞成总理的意见。筱文艳提议请总理为剧场起个名字。周恩来说："外国人都知道上海有个黄浦江，金城大戏院就在黄浦区，我建议就叫黄浦剧场吧。"大家都拍手叫好。筱文艳请总理题字，并拿来笔墨纸砚，周恩来欣然挥毫写下"黄浦剧场"四个字。而今，虽然经过半个多世纪的风风雨雨，可是黄浦剧场门楼上镌刻的周恩来手迹，仍然熠熠生辉。

黄浦剧场原名金城大戏院，以放映电影为主，偶有戏剧演出。1935 年 5 月 24 日，由电通影片公司出品的故事片《风云儿女》在金城大戏院首映，影片的主题歌《义勇军进行曲》在此第一次和观众见面；同年 8 月 16 日，上海音乐、戏剧、电影界爱国进步人士冲破白色恐怖和重重阻力，在金城大戏院举行聂耳逝世追悼会，歌咏团体在会上高歌聂耳的作品，《义勇军进行曲》的悲壮旋律再一次响彻金城大戏院的上空，传遍大江南北，成为激励中国人民抗日斗志的号角。

大光明电影院 依然年轻的 链接一

1958 年，大光明电影院向民主德国和捷克斯洛伐克引进新型放映、音响设备和银幕，改装成为全市第一座宽银幕电影院。1985 年又首先引进使用光学四声道立体声电影设备。1992 年经 83 天停业大修，引进 DTS、SRD 环绕立体声等当时国际先进设备，影院环境豪华，座位舒适，声光完美。1993 年元旦恢复

◎ 大光明电影院

对外放映，当年票房收入升至 1076 万元，连续六年为全国同行业之冠，被国家广电总局誉为"共和国之最"。1994 年经上海市有关机构联合组成的评审委员会考核批准，成为全国第一家四星级电影院。

大光明电影院加大国产影片宣传力度，不断营造看片热点；1995 年投资 10 余万元，设立"大光明优秀国产影片奖励基金"，每年举办一次"大光明杯优秀国产影片展映"，1996 年举办第二届展映，放映国产影片 47 部，88 场次，在无锡奥斯卡影视娱乐中心设立分会场。同时举办"中国电影九十年回顾展""国产美术片评选"等活动，深受上海、无锡观众欢迎。是年，大光明的票房收入突破 2000 万元，荣获"全国电影放映先进集体"称号。1999 年电影放映市场受 VCD 进入家庭、"家庭影院"逐步普及的影响，全国电影院的票房收入普遍大幅度滑坡，大光明的票房收入为1002 万元，仍居全国第一。

大光明电影院从 1995 年先后独资或与有关单位合作拍摄了《都市千日》《玫瑰漩涡》以及《中国 1949》等 7 部影片，独立向全国发行。同年 3 月开设"敬老免费公益场"。1997 年 5 月增设"廉价公益场"，把离退休老同志、残疾人等请进电影院。从 2007 年 12 月 31 日到 2008 年 12 月 31 日整整一年，大光明电影院进行整体改造，而经过改造后的大光明电影院，仍旧保持其大厅的历史原貌，并建造多个现代化的多功能放映厅和其他娱乐设施。

链接二

国泰电影院的改造

国泰电影院位于淮海中路 870 号，创设于民国 21 年（1932年），是放映西片为主的首轮影院，初名国泰大戏院，1954 年公私合营后改今名。国泰电影院设备优良、布局合理、座椅宽敞、环境整洁、格调高雅，开业时每座装有译意风。1986 年，更新放映和音响设备，装置 4 声道立体声音响，增设可放录像的咖啡厅等，为上海市首批特级电影院之一。

2003 年，在实施院线制改革后，对已经加盟上海联和院线的国泰电影院进行改

◎ 国泰电影院

建，把原来单一的 978 个座位平坡式大电影厅，改建成为 3 个电影厅：有 225 个座位的一号厅；有 236 个座位的二号厅；有 123 个座位的三号厅，成为现代化的多厅电影院，如今每年以 2000 万以上的票房成绩书写着"不老神话"。

经历了 10 年运营后，为了更好地服务观众，进一步改善设施设备，国泰电影院又投入资金 500 多万元进行装修：更新了电影厅的放映设备，用上了先进的第二代数字电影放映机，使声音和画面更加完美无缺；更换了银幕，使观众有更好的视觉享受；更替了座椅，使观众坐在椅子上更加舒适安逸。

最令人高兴的是，在装修中，寻找到珍贵的历史档案，因而重现出 70 多年前开幕时的历史风貌：步入正厅，地面上有一个个用黑白分明的箭头构成的八角形指南针，并且用英文字 E、S、W、N，指示着东南西北方向，与此对应，屋顶上也是同样图形；正厅两旁的楼梯也恢复历史风貌：铜把手加上马赛克材料踏板，令人仿佛置身于时光隧道！

15 装配厂诞生"凤凰牌"轿车

1958 年 9 月 30 日，上海生产的第一辆轿车——"凤凰牌"轿车在上海汽车装配厂试制成功，实现了上海汽车工业轿车制造"零的突破"。上海自主制造轿车的历史篇章，由此揭开。早在 1958 年 5 月，长春第一汽车制造厂已经成功制造了"东风牌"轿车，成为新中国第一辆国产轿车。消息传来，上海汽车工人受到了极大的鼓舞和鞭策，特别是时任上海汽车装配厂厂长的何家轩。何家轩在客观衡量了本厂的技术力量之后，决心制造出上海自产的第一辆轿车。何家轩立即抽调本厂的精干技术力量，成立了轿车试制小组。几经研讨论证，试制小组终于确定了方案：轿车的车身底盘仿制华沙牌轿车；车辆外壳仿制顺风牌轿车；发动机采用南京汽车厂的 M20 四缸发动机，功率 50 马力；一些部件用吉普车部件加以改制。在茂名南路 56 号的装配车间里，全厂职工 4 个月夜以继日、全力以赴奋斗，1958 年 9 月 30 日，一辆银绿色的小轿车终于诞生了。

　　将国产第二辆、上海自产第一辆轿车起名为"凤凰牌"，有一特别的寓意：长春第一汽车制造厂的"东风牌"轿车，在其发动机前端镶有金龙腾飞标志；而上海汽车装配厂制造的新轿车车头前端配上凤凰标志，则象征着一北一南"龙凤呈祥"。不久，崭新的"凤凰牌"轿车由上海汽车装配厂司机乐根祥驾驶，开往北京，向中央领导报喜。1959 年 2 月 15 日，周恩来总理在中南海亲自检阅"凤凰牌"轿车，并在车前合影留念。

　　"凤凰牌"轿车试制成功一年后，即 1959 年国庆前夕，第一批 5 辆新型"凤凰牌"轿车驶向上海街头，参加了当年"国庆"庆祝活动。1964 年 2 月，"凤凰牌"轿车更名为"上海牌"。1975 年，"上海牌"轿车年产量达到 5000 辆，上海也成为中国生产轿车批量最大的生产基地之一。1990 年，年产量已达万辆。1992 年，由于技术的更新迭代等原因，见证了上海汽车工业起飞的"上海牌"轿车终告停产。

建设机器厂
『蚂蚁啃骨头』

链接一

　　1958 年 12 月，国务院副总理陈毅陪同朝鲜首相金日成到上海建设机器厂参观，看到工人用小机床加工大型零件，脱口就说了一句："这不是叫蚂蚁啃骨头吗？"使"蚂蚁啃骨头"成为我国工业发展中的一个有趣的名词。事情是这样的，1958 年

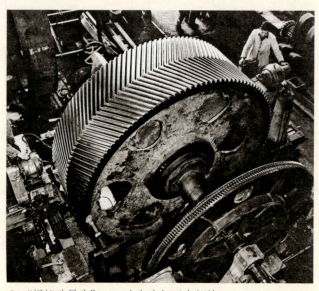

◎ "蚂蚁啃骨头"——小车床加工大部件

7月，位于望达路、半淞园路的上海建设机器厂承担了国家下达的一项加工大型设备的任务，其中有个零件重达11吨。一张一比十的图纸，摊开来比两个办公桌子还大。不要说加工，就是把零件放到机床上去也得把机床压垮。所以就采用"蚂蚁啃骨头"的办法，简单地说就是将机床放到零件上去加工，而不是将零件放到机床上加工。这是那个时代中国工人的创造，后来这种加工大型零件的方法在全国普遍得到了应用，出现了车、钻、铣、刨、磨等多种机床以及加工方法的改造。该厂还搞出了多种"蚂蚁"："长脚蚂蚁"（用于汽缸长镗孔）、"多嘴蚂蚁"（用于炼焦炉门框钻孔）、"组合蚂蚁"（可铣、可刨大平板）、"靠模蚂蚁"（加工水压机柱塞缸封头内外球面），等等。

在上海，小厂、小机器加工制造大的零部件，用土办法制造现代机器产品，小机床干大活，师傅们也把它比喻为"蟹吃牛"。"蟹吃牛"不仅指的是工作方式，后来还成了职工的一种工作精神，即"艰苦创业的精神，无私奉献的精神，一丝不苟的精神，吃苦耐劳的精神，永不满足的精神"。正是工人们发扬了这种"蟹吃牛"的精神，那个年代的上海制造成了全国人民心目中响当当的品牌，创造出"上海牌"

手表、"永久牌""凤凰牌"自行车、"红灯牌"收音机、"飞人牌""蜜蜂牌"缝纫机、"回力牌"球鞋等著名品牌。

链接二

『海鸥』牌照相机

上海的照相机生产历史悠久。早在1924年，钱景华先生便在上海静安寺路（今南京西路）1447号开设景华工厂，首先研制成功"景华"牌环象摄影机，并获得国家专利。由于该产品市场销路不畅，最终没能形成专业生产照相机的企业。

1958年1月，有关部门开始组建上海照相机制造厂，于11月正式成立了上海照相机厂。同年，试生产"上海"牌58-I型照相机100架。1959年9月，上海照相机厂自制首批58-II高级照相机投放市场。当年，共生产照相机2.22万架，占全国照相机总产量的20%以上。

1964年，上海照相机厂参加广州进出口商品交易会，一次出口300架，全年出口2300架，开创了我国照相机出口的先河。1967年，该厂试制成功DF型35毫米单镜头反光照相机，并投放市场543架。1968年，为了进一步适应照相机产品的出口需要，根据国际商标使用惯例，上海照相机厂将"上海"牌改名为"海鸥"牌。

◎ 位于南苏州路175号的海鸥照相机销售有限公司

1974 年，为了扩大国产照相机的生产规模，经国家有关部门批准，该厂在上海郊区松江的原有基础上，对生产厂房进行投资扩建。

1978 年 2 月，上海轻工业局将上海照相机厂与上海照相机二厂、上海照相机五厂合并，成立上海照相机总厂，一举成为我国规模最大的照相机生产基地。期间，生产的"海鸥"牌照相机产品有 35 毫米平视取景照相机系列、35 毫米单镜头反光照相机系列、120 折叠式照相机系列等市场名牌产品。1981 年，上海照相机总厂与日本美能达照相机公司合作生产新产品"海鸥"牌 x-300 型照相机，获得成功。1988 年，该厂又与美能达照相机公司合作生产了国内照相机行业新一代"海鸥"牌 DF-300 型石英电子单镜头反光照相机。

16 南京路马路运动会

1959 年，南京路一条街马路运动会举办。浦西地区建筑密集，体育场地紧缺。为了增强职工体质，南京路广大财贸职工因陋就简，积极开展以"店堂当操场，走廊当跑道，楼梯当山坡"的群众性体育活动，不少商店坚持天天工间操、生产操。1959 年，南京东路上海市第一百货商店、永安公司、上海市第一食品商店、上海时装商店（现时装公司）、上海市第一医药商店、儿童商店（现工艺美术服务部）等六大商店成立体育互助组，区体委、上海市总工会黄浦区办事处等协助推动，联合举办南京路一条街马路运动会。

改革开放以来，这条中国最繁华的商业街的马路运动会，不仅没有因为商业经济的繁荣而萎缩，反而越办越红火，规模影响越来越大。已从早期的几个项目，几个单位，数百人参加发展到今天的上百个项目 100 多个单位，1 万多人参加。马路运动会有传统的开门操、广播操、拔河、跳绳等，还有结合行业工作特点的项目，如饭店、酒家的滚圆桌面、托盘、纸巾扎花系列接力赛；食品行业的蛋糕裱花、拉面赛；烟糖酒行业的扎瓶、扎包比赛；服装行业的为模特穿衣、商品包装、结账一条龙比赛。成为推动全区乃至全市职工群众体育活动蓬勃开展的杠杆，在全国也有一定的知名度。2006 年，南京路步行街职工马路运动会被上海市总工会、上海市体育局评为"上海市优秀职工体育品牌项目"。到 2018 年，南京路马路运动会已举办 44 届了。

九子大赛

链接一

2006 年 9 月 17 日，上海成都北路一个叫"九子公园"的地方，来了许多兴奋的成年人。他们中很多人已年过半百，却都兴致勃勃地玩着一些上海孩童的游戏：跳橡皮筋、打弹子、造房子，顶橄榄核……这年的 1 月 22 日，位于成都北路、南苏州路口，占地 7700 平方米的九子公园正式开园，开园的同时，首届上海市游戏节系列比赛也在热热闹闹中举行。九子公园成为一个承载上海老式弄堂传统游戏的主题公园。

所谓"九子"，是上海弄堂游戏的九个经典游戏：造房子、跳筋子（跳橡皮筋）、滚圈子（滚铁环）、打弹子、顶核子（顶橄榄核）、抽陀子（沪语"抽闲骨

◎ 九子大赛活动现场

头"）、掼结子（沪语"翻麻将牌"）、刮片子（刮香烟牌子）、扯铃子（抖空竹）。20
世纪五六十年代，它们曾是上海儿童的最爱，如今随着城市的变迁和发展而濒临
湮没。

"九子大赛"的起源，最早来自南京东路承兴街道1988年开始举办的弄堂运动
会，一开始只有五个项目，不久，黄浦区体育局开始介入这项赛事，派专家专门制
订出了一套"九子大赛"的竞赛规程。这些弄堂游戏一下变成了"上档次"项目。
以打弹子为例，旧时往往是利用地面上的天然凹洞，将弹子打入其中者为胜，但是
天然凹洞的大小、地形都不同，游戏时偶然性极大。现在比赛场地是一块木板，上
铺桌球台所用的毯子，在这块木板上，有精心设计的10个洞，选手需要像打高尔夫
球那样，用最少的杆数和时间，完成10洞的比赛。

如今，"九子大赛"已成上海的一个看点，成为许多外地乃至外国客人喜爱的一
道别样的风景。

◎ 浩浩荡荡的军民长跑队伍

『八一』军民长跑活动

2019 年 7 月 28 日清晨，世博黄浦体育园内人声鼎沸、军号嘹亮，2500 余名长跑健儿汇聚一堂，共同参与上海市第三十七届庆"八一"军民长跑活动，以此庆祝中国人民解放军建军 91 周年。自 1981 年起，由黄浦区总工会、区体育局等单位联合举办的纪念"八一"建军节军民长跑活动，已连续举办三十八届，是上海市职工全民健身活动特色项目，上海市优秀职工体育品牌，也是一年一度"拥军爱民"传统特色活动。2019 年有驻沪陆海空、武警部队和上海市 16 个区以及黄浦区机关、街道、企事业单位的 108 支长跑队伍，2500 余人参加，其中部队官兵近 500 名。

每年的长跑活动都确定一个主题，2019 年的活动主题是"军民滨江健步行，携手共筑新时代"，意在以传统健身活动为载体，巩固和发扬军民团结的大好局面，携手共筑"同呼吸、共命运、心连心"军民融合发展的新高度。活动每年都会精心设计长跑线路，跑步路线长 3 公里左右，并设置活动暖场环节和行进途中的"健身啦啦队"表演。

17 豫园修复开放

1961 年 9 月，修复后的豫园正式对外开放。豫园这座上海市区仅存的江南古典园林，始建于明朝嘉靖年间，已有四百余年的历史，其设计精巧，布局细腻，以曲折幽深见长，前人曾称赞她"奇秀甲于东南"。至上海解放前夕，这颗江南园林的明珠，已经黯然失色，里面被二十余个行业公所分别占用，还有学校、商店、茶楼、酒馆、书场和居民；亭台残破，假山坍塌，池水干涸。

为了保护这一文物古迹，经上海市人民政府批准，从 1956 年起，市文化局组织一套专门班子，聘请了大量能工巧匠，投入了巨大的人力物力，对豫园进行了全面的修复工程。历时五年，重建了被毁坏的建筑，疏浚了淤塞的池塘，栽植了大量树木花草；革命遗址点春堂，更是修缮得金碧辉煌、雄伟壮观，使豫园重新焕发了青春，恢复了秀丽的容貌。1961 年 9 月，豫园正式对外开放，成为中外人士喜爱的参观游览场所，并先后经上海市人民政府和国务院批准，被列为上海市和全国重点文物保护单位。

1982 年，大假山前的湖石假山螺丝洞及万花楼前小假山花墙出现险情，经南市区政府批准，拆卸险墙二处按原样修复。同时，改变了与古园林风貌不协调的水泥路面，调整了花木布局，扩建了东园门等。1986 年 3 月，南市区政府投资 600 余万元，分三期工程整修豫园。

豫园修复对外开放以来，以其秀丽的景色，众多的文物，吸引着无数中外游人。许多外国国家领导人都曾先后到豫园游览。

儒养之地文庙

链接一

1949 年 9 月，文庙路 215 号原上海市立民众教育馆（文庙）改名为上海市群众文化馆，后更名为蓬莱区文化馆。自 1953 年起，市区两级政府多次拨款重修文庙。1979 年，上海市文管会集资重修文庙，修葺后的文庙占地面积 11333 平方米。几经修葺后，大成殿、魁星阁等建筑物达到"修旧如旧"的要求，总建筑面积 3915 平方米。内分东院、西院两部分，东院有群众文艺剧场，京剧、越剧茶室，老龄活动室等；西院有阅览室、电子游戏室、文艺活动室、台球室、舞厅等。1987 年起，在文庙举办上海市民俗文化庙会，以后每年举办一次。

◎ 文庙大成殿和孔子铜像

　　1997年4月至1999年9月间，在文庙东北部沿梦花街、学宫街处，建造了一条一至三层楼的仿清式街坊，与文庙主体建筑相匹配，建筑面积3130平方米，原在大成殿、东西庑殿内的"文庙书刊交易市场"被迁往该处场内；同时重建尊经阁，整修大成殿和石露台以及东、西庑殿，大成门，殿前东西平房，大成殿前大院；重建明伦堂、仪门、学门、听雨轩、宣廊杏廊、儒学署、天光云影池等。至此，文庙基本上重现了当年的庙容庙貌。

　　在修复文庙建筑群的同时，增添了殿、阁、楼、堂等的陈列内容。大成殿东、西、北三面壁间，安置了全本《论语》碑刻，正中设置了香樟木雕刻的孔子、颜子、曾子"三圣像"；其东侧置有文庙出土的清同治年铸的编钟；西侧置有大鼓一只；上面梁间悬置"圣集大成""圣协时中""德齐帱载"等匾额；大成殿前梁坊上置有"万世师表"匾额；其下前方石露台上置有"孔子佩剑铜像"一尊；其东南角置有"大成钟"一口。在东、西庑殿壁间置有明清文人自撰自书的对联碑刻300副。在尊经阁二楼正中置有著名画家戴敦邦创作的巨幅《孔子问道图》，以及明、清红木家具；楼下置有巨型老红木大理石图案屏风及陈列"名石、奇石赏石"展；阁前院中置灵璧巨石"玉麒麟"。宣廊内壁间置有《上海县籍进士名录》碑刻。明伦堂内置有动物造型根雕展。堂前置有"大青铜方鼎"。杏廊壁间置有"上海县学记碑"等十余块元明清记载文庙和县学历史的碑刻。天光云影池中置有灵璧巨石"龙吟虎啸",池岸边置有 9 条喷水龙头等。

<table>
<tr><td rowspan="2">三山会馆移建</td><td>链接二</td></tr>
</table>

三山会馆移建

链接二

三山会馆始建于清宣统元年（1909 年），由旅沪福建水果业商人集资兴建，是同业用于讨论商务、祭祀天后的地方。"三山"因旧时福州城的越王山、九仙山、闽山而得名。三山会馆是沪上唯一保存完好对外开放的晚清会馆建筑。会馆整幢建筑占地 1000 平方米，雕梁画栋，别致秀丽，富有艺术价值。上海解放后，会馆曾被用作学校校舍。

三山会馆曾是"上海工人第三次武装起义工人纠察队沪南总部"，1959 年被列为上海市文物保护单位，1986 年，会馆因市政工程建设南移 30 米重建。1989 年 9 月 26 日移建竣工，并对外免费开放。2008 年，市、区政府拨专款实施了会馆始建百年以来规模最大的文物修缮工程，进行了会馆的砖雕门楼修复和大殿汉白玉"天后"神像重塑，重现当年风采。

◎ 三山会馆

18 中国第一台万吨水压机

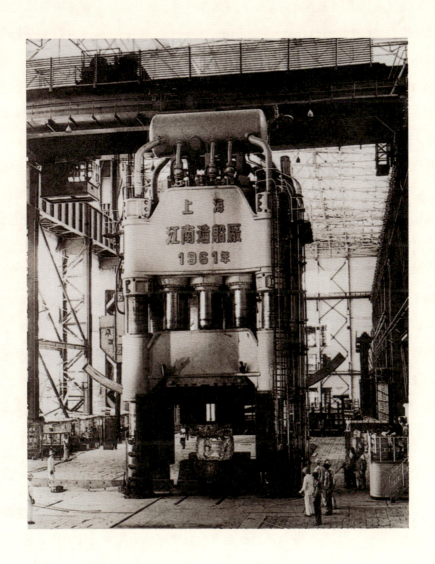

1962 年 6 月 22 日，中国第一台 1.2 万吨自由锻造水压机试车成功并投入生产。它的研制成功填补了中国重型机械的空白，标志着我国重型机械的制造进入到自行设计制造大型、精密和尖端成套设备的历史新阶段，缩小了我国机械工业在技术上与国外的差距。

20 世纪 50 年代中后期，我国只有上海第一重型机器厂一家企业拥有一台 6000 吨水压机，许多重型机械上的大锻件都要从国外进口，限制了我国工业高精尖技术的提升和国防工业以及国家经济的发展。1958 年 5 月，时任煤炭工业部副部长沈鸿写信给毛主席，建议中国自行建造万吨水压机，得到毛主席的支持。8 月，中央正式批准，全国研制两台 1.2 万吨级水压机，其中一台落实在上海，由沈鸿负责组织实施。江南造船厂被选定为万吨水压机的主试制单位，上海重型机器厂等几十家企业协助研制。在沈鸿的组织下，先后成立十余人组成的设计小组和江南造船厂万吨水压机工作大队。

当时我国的设备技术条件比较落后，依靠工人和技术人员的智慧，制成了万吨水压机。4 年间，设计组跑遍全国各地的中小型水压机工厂和车间，考察水压机设备的性能和结构原理，搜集国外专业期刊和书籍中大量参考资料，研究从苏联运回的图纸。在模型和试验机的制造及运行的基础上，更改和弥补了原设计中存在的 40 多处缺陷。为解决制造工艺和安装过程的各种困难，技术人员攻克难关，经过百次试验，掌握了"电渣焊"尖端技术，将一个个大型零部件拼焊成一个整体。通过多台移动式小机床同时加工的方法，切削精密大型零部件。采用几百根枕木和几十个千斤顶的方法，硬是把 300 吨重的横梁顶起 6 米高。我国自行设计制造和安装的万吨水压机，自重减轻近三分之一，成为当时世界上体重最轻的一台万吨水压机。

建成后的万吨水压机总高 23.65 米，基础深入地下 40 米，最宽处 8.58 米。机体全重 2213 吨。可用于锻造、冲压、挤压、拉伸、打包等需要较大压力的工作。

鱼雷潜艇 一艘中型 新中国第 链接一

1954 年 7 月，根据中苏两国政府签订的《关于供应海军装备及军舰制造方面对中国给予技术援助的协定》，经第一机械工业部批准，江南造船厂承建新一代代号 6603

◎ 第一艘中型鱼雷潜艇制造现场

型（简称 03 型）中型鱼雷潜艇。

1955 年 4 月，首制中型鱼雷潜艇（国家编号为"新中国第 15 号"）在江南造船厂开工，艇体由苏联提供半成品，苏联专家 36 人到江南造船厂参与潜艇的建造和指导。

第一艘中型鱼雷潜艇的建造牵动着党中央和毛主席的心。1956 年 1 月 10 日上午，中共中央主席毛泽东在时任市长陈毅的陪同下，视察江南造船厂正在建造中的第一艘中型鱼雷潜艇。毛主席围着船台上的潜艇整整转了一圈，一边仔细察看潜艇形体，一边听取技术人员汇报潜艇建造情况，并不时插话提出问题。这是毛泽东主席第一次视察潜艇，也是他一生中唯一一次视察潜艇。同年 3 月 26 日，首制中型鱼雷潜艇下水，舷号为"115"号。10 月 19 日，开始工厂航行试验和国家航行试验。1957 年 10 月 27 日，新中国第一艘中型鱼雷潜艇完工交付中国人民海军使用。03 型中型鱼雷潜艇自第四艇起，仅由苏联提供材料、设备。工厂从放样、下料开始自行建造。

1969 年的 1 月 10 日，在庆祝毛主席视察"115"号潜艇 13 周年之际，海军特授予第一艘中型鱼雷潜艇 56-110 荣誉舷号。20 世纪 70 年代以后，03 型潜艇转为预备役或固定在港口作为训练艇使用，90 年代后全部退役。

03 型潜艇的制造，促进了我国潜艇建造技术的进步，形成了潜艇制造的生产线，培养了技术干部和工人，积累了组织管理的经验，是我国成批建造潜艇的开端。

第一艘自行设计、制造的万吨远洋货轮

链接二

20 世纪 50 年代，我国远洋运输业主要靠租用外国船舶开展运输业务。建造自己的万吨级远洋货轮，被列为国家科学发展十年规划重点项目之一。1959 年 1 月，交通部远洋运输局与第一机械工业部所属的上海江南造船厂正式签订承造协议书。

江南造船厂的工人和技术人员们，在参阅数百份图纸资料，研究学习苏联造船经验的基础上，实现 300 余项的重大技术革新，改进设计和工艺 180 多项。万吨船主要结构的焊缝优质率达到 98% 以上，节约钢材 43.5 吨，船壳建造成本降低 5.5%。

◎ "东风"号万吨远洋货轮下水时的情景

1960年4月15日下午，江南造船厂为第一艘万吨远洋货轮举行下水盛典。新船被命名为"东风"号。1965年8月，"东风"号下水后的机舱辅机和设备安装完成，通过系泊试验。经轻载和重载试航，获得成功。12月31日，"东风"号竣工交船。翌年，经国家船舶检验局检验，它的快速性、装载量、钢材消耗量和机舱长度等指标都达到了当时国际先进水平。

　　"东风"号总长161.4米，型宽20.2米，船深12.4米，设计吃水8.46米，排水量17182吨，载重量11642吨，载货量10000吨，每小时航速17.3海里。能在海上连续航行40昼夜，远航至欧洲、非洲和拉丁美洲。"东风"号为载运一般货物的远洋货轮，船上设有878立方米的冷藏舱及1145立方米的液货舱，能载运少量的冷藏货及液货。同时，在货舱内设有止移板设备，必要时可以载运散运谷物。在第二、三舱设有60吨重型吊杆一根，可以吊装重物。在第一货舱设有防爆装置，可以装运一般易燃易爆物品。

　　东风号万吨远洋货轮的建成，标志着我国造船工业已经进入了一个新的阶段。无疑是我国造船工业的一次战略性突破，反映了我国当时的船舶规范、设计、制造水平及船舶配套生产能力。开创了中国自行设计、制造万吨级远洋船舶的先河，为日后我国万吨级以上船舶的大批量建造奠定了基础。

1963 年 4 月 23 日，中华人民共和国国防部授予南京军区上海警备区特务团三营八连"南京路上好八连"称号。5 月 5 日，"南京路上好八连"命名大会在上海军人俱乐部大礼堂隆重举行。这是新中国成立 14 年来，第一次给一个和平年代的连队命名。在国防部命名后的一个月内，党和国家、军队的领导人都纷纷题词，号召大家向"好八连"学习。

"好八连"前身是华东军区特务团四大队辎重连，成立于 1947 年 8 月山东莱阳县（今莱阳市）。1949 年上海解放后，由于城市警卫工作的需要，连队被上级从硝烟弥漫的战场调至上海繁华的南京路上，改编为华东军区警卫旅特务团三营八连，承担南京路上的巡逻执勤任务。1955 年 4 月，改番号为南京军区上海警备区特务团三营八连。

八连的干部战士来自五湖四海，虽身居繁华闹市，却始终保持着人民解放军全心全意为人民服务和艰苦朴素的优良传统，谦虚谨慎、戒骄戒躁、勤俭节约、克己奉公，在上海刚解放的特殊环境中，出色完成了警卫任务，受到广大市民的称赞。20 世纪 50 年代末，八连所在的团部将八连事迹上报上海警备区，受到上海警备区的认同。1959 年 7 月 23 日，《解放日报》第一版发表了题为《南京路上好八连》的通讯，介绍了这支曾经历战火考验的队伍在和平环境里依然保持艰苦奋斗的传统，乐于为人民做好事的先进事迹，并配发了评论，在上海新闻界引起反响。之后《劳动报》《文汇报》《新民晚报》和电台都纷纷从不同角度争相报道八连。正是这些报道，使"南京路上好八连"在上海家喻户晓。1963 年 4 月 8 日，总政治部在批转总政青年部《关于部队学习雷锋活动情况报告》中指出，"在某种意义上讲，好八连是一个集体的雷锋。雷锋和好八连是对部队进行共产主义思想教育的活教材"。

演遍全国 《霓虹灯下的哨兵》 链接一

《霓虹灯下的哨兵》最初是南京军区前线话剧团于 1962 年创作演出的话剧，由沈西蒙执笔，漠雁、吕兴臣等集体参与创作。故事蓝本取材于驻守上海南京路上的好八连，艺术地反映了解放初期中国人民解放军官兵在霓虹灯闪烁的大上海经历的一场特殊的斗争。继承革命优秀传统，抵制资产阶级的"香风"和糖衣炮弹侵袭是全剧的主题。该剧将革命军人的生活和斗争放到了社会大环境之中，尤其是放到了刚刚解放的大上海这一

◎ 《霓虹灯下的哨兵》剧照

复杂的环境中，使人物的塑造生动深刻，反映了战士们对十里洋场的态度和置身其间的变化，展现了人物丰富的内心世界。他们身处繁华闹市却自觉抵制腐朽诱惑，保持了人民军队全心全意为人民服务和艰苦奋斗的本色。话剧内容突破了当时部队戏局限于战场、操场的惯用手法，寓庄于谐中反映了社会主义的时代精神。

《霓虹灯下的哨兵》首演后引起巨大轰动。该剧公演后获得极大反响，全国各地剧团争相排演，创造了新中国成立后戏剧演出的奇迹。1963 年，前线话剧团进京演出期间，周恩来还亲自为该剧提出修改意见。周恩来总理指示一定要把该剧搬上银幕，并且特别关照：电影要用前线话剧团的原班人马，一句台词不能改，一个演员不能换。1964 年，上海天马电影制片厂将话剧《霓虹灯下的哨兵》改拍成电影。后来该剧又被改编成电视剧。

时至今日，话剧《霓虹灯下的哨兵》仍被反复排演，历经四十多年依旧保持艺术生命力，铭刻了几代人的青春记忆，是一部家喻户晓的红色经典。

雕塑 好八连 链接二

几十年过去了，时代在变、环境在变、任务在变、生活条件在变，但南京路上好八连官兵艰苦奋斗、全心全意为人民服务的光荣传统从未改变。30 多年来，每月的 20 日，八连战士

◎ 好八连雕塑

都要参加学雷锋活动，在南京路无偿为来往的群众提供理发、修伞等便民服务，从未间断。好八连还积极参与上海地方重点工程建设，艰苦的地方、艰巨的任务，干部战士都冲在前、干在先，从不追求享乐，吃在工地上，住在自搭的帐篷里，保持着艰苦朴素的生活作风。平时战士们省吃俭用，把节省下来的钱捐给灾区和贫困地区。好八连干部战士正以自己的行动诠释着好八连精神的时代内涵。

2008年，为弘扬好八连精神，纪念好八连进驻南京路60周年，在黄浦区委区政府支持下，成立好八连雕塑的必要性和可行性课题调研组，在全国公开设计方案招标，共有来自上海、北京、天津、四川、河南等地的9家设计单位提交方案18套，经历11轮评审会，中国人民革命军事博物馆的方案被确定为最终设计方案。2009年6月4日，《新民晚报》发出公报，动员社会捐款，得到上海市民及社会各方的积极响应。

2012年8月1日是中国人民解放军建军85周年纪念日，南京路上好八连纪念雕塑在南京路步行街下沉式广场落成。雕塑被安置在西藏南路、南京西路路口的人民广场下沉式广场中央花坛，与"五卅运动纪念碑"咫尺之遥，形成红色文化的共鸣效应。雕塑由主雕和浮雕墙两部分组成，浮雕墙用11组图案讲述了好八连的成长历程。

20 南京路上第一辆无轨电车

1963 年 8 月 15 日凌晨,南京路上最后一辆编号为 34 号的 1 路有轨电车,挂着一块"末班车"的牌子,从南京路上"当当"地驶过,等待在路旁的好八连战士、干部和工人立即投入了拆轨工程。它的拆除标志着运行了 55 年的 1 路有轨电车从此退出历史舞台。当天清晨 3 点 53 分,第一辆中国自己制造的 20 路无轨电车披红挂彩,从"中华商业第一街"——南京路驶过。上海人民广播电台记者采制了录音特写《拆轨之战》和录音报道《南京路上无轨电车今天通车》。

　　上海第一条有轨电车线路开辟于 1908 年 3 月 5 日,英商上海电车有限公司(简称英电)开辟从静安寺到上海总会(今广东路外滩)的 1 路电车,线路长 6.04 公里。1928 年,20 路无轨电车开通,行驶线路自静安寺起至极司非尔公园(今中山公园)。《申报》还刊登了线路开通的新闻。此后 20 路无轨电车东扩至外滩江海关,线长8.799 公里。

　　到 20 世纪 50 年代,行驶在闹市区的有轨电车设备已经陈旧,而且由于其线路布局不合理,行驶时噪声大,舒适性差,技术落后,常常影响市内交通。因此,市政府决定拆除南京路淮海路等路段的有轨电车,代之以新型的无轨电车。1963 年 3 月后,南京路上竖起电杆,拉起电线,为通行无轨电车进行改造。新辟的 20 路无轨电车,由原 20 路无轨电车与 1 路有轨电车合并,改走南京路,终点移至南京东路外滩。"十里南京路,一条 20 路"。1999 年,南京路步行街正式建成,20 路离开南京东路,改道至九江路至今。

　　如今南京东路步行街上开设了一列观光旅游车。采用无污染的电动车,外观模仿三四十年代的有轨电车,给游人提供方便之余,也增添了些许怀旧之情。

都市观光巴士　链接一

　　1993 年,淮海路上出现首条双层巴士线路——双层 1 路,也是新中国成立后,上海街头首次出现的双层巴士。这条具有都市观光性质的专线起点站老西门,终点站虹桥路,穿越整条淮海路,一时吸引无数路人的目光。

　　双层 1 路巴士是由上海公交总公司从香港引进英国制造的"利兰"汽车。2007 年 2 月,改装成红色双层敞篷观光巴士,驶上繁

◎ 2007年2月8日，一辆红色新型双层敞篷观光巴士出现在淮海路商业街

华的淮海路街头，为申城增添一道亮丽的风景。后按市公交线路规范名称，"双层1路"更名为911路，除常规公交的职能外，还承担旅游专线的使命。站点多次调整，最长时从老西门至航南路航东路，全长将近19公里。

2010年10月1日，春秋国际旅行社经营的都市观光巴士亮相上海滩。采用双层敞开式旅游车，车上配有8种语言语音景点解说设备，路线囊括了沪上各大黄金旅游圈和知名旅游景点，形成集旅游观光、休闲购物、文化娱乐等功能为一体的都市旅游产品，颇受中外游客青睐。2016年，911路缩短路线，从上海老城厢到繁华的淮海路再到武康路，单程只要半个小时左右。2018年，911路更新换代，安装了超大玻璃和全景天窗，由敞篷车变成非敞篷车，二层成为"移动的阳光房"。

上海市第一辆中运量公交线路——71路

链接二

2017年2月1日，71路延安路中运量公交正式载客试运行，这是本市首条专用道行驶、信号优先的中等运量公交线路。该路线东起延安东路外滩，西至沪青平公路申昆路，全长约17.5公里，贯通上海中心城区重要的东西向交通走廊。中运量公交与大运量的地铁、小运量的地面公

◎ 首条中运量公交线71路车

交相对应，运能一般可达每小时 1.5 万人次，在一定程度上缓解沿线地面交通压力，补充线路原有的运能不足，提高了运输效率。

延安路中运量 71 路采用"全程＋区间"、站站停靠的日常运营模式。全程途经黄浦、静安、长宁、闵行 4 个区，设置 22 组双向加 1 个单向中途停靠站点。区间为黄陂北路至申昆路枢纽站，线路长度 15.5 公里，设置 20 组中途停靠站点，各站点均可与多条轨道交通线路及公交线路接驳。

早在 20 世纪 80 年代末，上海第一次做交通规划时，就提出"公交优先"。2012 年 12 月，国务院正式发布《关于城市优先发展公共交通的指导意见》，将"公交优先"提升至国家战略高度。随着上海轨道交通网络的扩大，轨道交通的出行比重持续快速提高，而相应的传统地面公交比重不断下降。尽管每年地面公交线路、车辆投放都在增加，公交服务水平也在不断提高，但客流量却持续下降。

71 路中运量公交系统的开辟，是一次探索上海发展落实"公交优先"国家战略新路径、实施以市民需求为导向进行地面公交供给侧改革的有效尝试，通过提速、增量（客运量），提高人们出行的品质；通过整合原普通公交线路，减少能源消耗，降低车辆污染排放；通过与轨交车站无缝换乘，缩短人们在途时间，将道路资源更多地还给城市。

21 星火食品商店首创 24 小时通宵服务

1968 年 9 月 26 日，位于北京路、西藏路、新闸路交叉口（今西藏中路 628—630 号）的星火食品商店，根据附近企事业单位三班制职工、里弄、过路群众和送菜农民的需要，实行 24 小时通宵服务，改名星火日夜食品商店，在食品行业中属于创举。在 20 世纪 90 年代前的很长一段时间内，它是上海唯一一家 24 小时全天候营业的商店，被群众称赞为"让排门板退休"的好商店。

商店前身是一家小型的"大上海"茶叶店。1953 年，改名益兴茶叶店。1956 年公私合营后兼营少量糕点食品。后经营范围不断扩大，逐步形成具有"小、特、快、便"经营特色的一家中型零售食品商店。店中不仅备有糕点、烟糖杂货等各类小商品近千种，还根据顾客需求，经营一些特殊商品，如无糖糕点、专为厌食小儿制作的奶痨糕等。经营过程中还根据市场需求，事先将商品按不同规格分置并包装好，为顾客提供快速服务，最快的营业员 1 分钟能接待 8 位顾客。每个柜组都设有各具特色的方便台，上面放着针线包、简易药箱、公用电话、塑料袋烫合器等东西，还有代开罐头、代售邮票和代封信件等服务，甚至还提供打气筒、夜间应急电话和火车站、长途汽车站的时刻表。商店还对老弱病残顾客实行无偿服务。当时的星火日夜商店就是上海人心中的紧急求助对象。

1972 年，全国商业工作会议期间，国务院总理周恩来得悉"星火"事迹后，称赞"星火好，星火要燎原"。星火日夜食品商店的故事还被编成《星火日夜食品商店》连环画，编排成沪剧《雪夜春风》。

群力草药店

沪上草药第一家——

链接一

群力草药店是一家坚持"问病卖药"传统服务方式、主营中草药的中华老字号名特商店。1970 年 2 月 11 日，《解放日报》头版头条刊登长篇文章，报道草药店职工长年冒着严寒酷暑，走遍上海所有郊县和苏州、无锡等地的田野、山头，寻草采药，挖掘、整理民间宝贵医药经验，丰富和提高草医草药的内容和用途，全心全意为民治病服务的先进事迹。

群力草药店的前身"明济堂"，是草药郎中马恒永于 1924 年在上海成都北路开设的夫妻小店，店堂狭小，仅 12 平方米，以"既问病又卖药"的方式经营。

新中国成立后，明济堂在保持发扬传统特色的基础上，经营的中草药品种逐步增加到 200 余种。市面上买不到的草药，一般在明济堂都能买到。1960 年，草药店把马恒永生前所收藏的草药标本、单方和书籍，以及明济堂经营的草药品种来源、效用和验方汇编成册，使"问病卖药、医药结合"的服务特色发扬光大。1967 年，明济堂迁至福建中路 50 号，更名"上海群力草药店"。三年后又迁至广东路 433 号现址，使用面积增加到 1500 平方米。

1977 年 12 月 11 日，河北张家口市发生 73 名小学生因误食"苍耳子"急性药物中毒事件，当地从江西兴国弄到一张"万能解毒方"，但不知其中一味"小活血"为何物，曾长途电询许多省市有关方面，在群力草药店获得答案："小活血就是茜草"。

◎ 1970年2月12日《解放日报》头版头条报道群力草药店事迹

店职工在不足 1 小时的时间内千方百计将草药按时送达虹桥机场，使病儿除 1 人中毒较深死亡外，72 人得救。事后各大报纸、电台纷纷作了报道、广播，一时轰动全国。

经过几十年的变迁，草药店始终保持发扬"问病卖药、医药结合"的传统服务方式和主营草药供应特色，每年季节性自采新鲜药应市，满足病家需求。草药店中草药配方量和销售额均居全市同行业之首，有着"沪上草药第一家"美誉。

长盛不衰的长春食品商店

长春食品商店开设于 1952 年，初名卢湾区消费合作社第一门市部，原卢湾区第一家国营食品商店。1958 年迁淮海中路，改名红旗食品店。后改今名。1996 年改制后，商店隶属于上海烟草集团卢湾烟草糖酒有限公司（现黄浦烟草二公司）。是一家以零售食品、烟酒等为主的综合性中型食品商店，经营品种 5000 余种。

长春食品店内每天人来人往生意兴隆，奥秘何在？ 1990 年 3 月，店内公开"悬赏捉劣"，设立食品卫生监督奖，即"凡消费者在商店内发现无生产日期、无保质期

◎ 长春食品商店为顾客专设洗手处

或过期商品（烟酒商品除外），经理室将给予100元奖励"。这一举动，在当时成为全市首创，并在商界掀起一股打假治劣的高潮。后逐步推出特色服务菜单，公开各种包装袋的分量，实行"除皮销售"，定期对计量器具进行强检，公开服务标准和诚信承诺，各柜组推出特色服务项目，建立企业诚信档案，定期进行顾客满意率测评等一系列服务新招，赢得消费者的赞誉。

从20世纪80年代起，长春食品店就进入全国先进企业行列，先后获全国精神文明建设工作先进单位等300多项荣誉。1993年，被中华人民共和国国内贸易部命名为"中华老字号"企业。2002年，被中国商业联合会评为"中国商业名牌企业"。2005年通过复评，再次蝉联此项殊荣。2011年，商店参与上海市企业诚信创建活动，通过第三方信用征信公司的评估，并通过三星级诚信企业的评估。上海电视台、东方电视台、上海有线电视台、东方人民广播电台、上海人民广播电台、解放日报、新民晚报等十多家新闻媒体就商店工作进行过多次报道和专题采访。

22 一张老照片的发现

20 世纪 60 年代，一张毛泽东与部分"新民学会"会员在半淞园合影的照片被湖南长沙"毛主席革命纪念地建设办公室"发现，一段尘封的历史被揭开面纱。

1918 年 4 月，毛泽东、蔡和森等在长沙发起组织新民学会。同年 6 月，毛泽东赴北京着手组织会友和有志青年去法国勤工俭学。1920 年 5 月 8 日，学会会员赴法勤工俭学出发前夕，他与部分会员在上海半淞园聚会，欢送赴法勤工俭学的新民学会会员，并讨论学会的会务问题。毛泽东、彭璜、陈绍林、萧三、熊光楚、劳启荣、周敦祥、刘明俨、张伯龄、欧阳泽、李思安、魏璧等十二名朝气蓬勃的年轻人，迎着暮春初夏的斜风细雨，将激昂文字的身影写意在半淞园的亭台楼阁中。这次送别讨论会一直开到黄昏之际，大家仍意犹未尽，"继之以灯"。会间休息时，参加会议的十二人"在雨中拍照，近览淞江半水"。历经岁月洗礼，这张合影得以辗转保存，见证了一段历史过往。

照片中的半淞园原址在沪南黄浦江边，西靠望达路，东至花园港路，1937 年被日军炮火炸毁，原址改建为工厂。上海解放后，原址成为南市发电厂，是全市电力工业的重要组成部分。

城市最佳实践区

链接一

因上海南市发电厂厂址属于世博会场址规划范围内，2004 年 7 月，上海世博土地储备中心与上海南市发电厂签订《中国 2010 年上海世博会场址范围内国有土地使用权收购补偿框架协议》。根据框架协议约定，2006 年 12 月，上海南市发电厂搬离，原址成为城市最佳实践区的组成部分。

城市最佳实践区是 2010 上海世博会的一大创新项目，占地 15.08 公顷，占世博园区用地不足 5%。经过场馆建设，世博期间，这里崛起一座新"城"，集中展示全世界最具创新性的城市宜居实践案例，彰显着不同城市的追梦之旅——"城市，让生活更美好"。

城市最佳实践区位于世博园区的浦西 E 片，由南车站路、花园港路、保屯路、望达路、直到黄浦江围合而成，分南北两个街区，之间以人行天桥连接。由南至北有"主题区域""系列展馆"和"模拟街区"三个功能区域，分别展示宜居家园、可持续的城市

◎ 城市未来馆

化、历史遗产保护与利用和建成环境的科技创新。南区由原南市发电厂改造而成的"城市未来馆"主题馆和一个"城市创意广场"主题广场组成,其中发电厂的烟囱被改造成一座高达 201 米的观光塔。中区利用改造后的老厂房,形成 4 组计 44 个展馆。北区建成模拟生活街区 14 个,采用实物展示方式,展示城市建设方面的创新成果。

世博会后,对该区域部分建筑进行改造和新建,传承"城市,让生活更美好"的理念,形成文化创意街区,融合商务办公、文化艺术、会议展览、商业餐饮、休闲娱乐、酒店公寓、开放空间为一体,成为上海城市发展的有机组成部分。

上海当代艺术博物馆 链接二

2012 年 10 月 1 日上海当代艺术博物馆开馆。它是 2010 年上海世博会后续利用与开发的重点项目,选址黄浦江畔的世博会城市未来馆,原上海南市发电厂所在地。改建后总建筑面积达到 4 万余平方米,具有大小高度不一、适合各种展览的 12 个展厅以及图书馆、研究室、报告厅等功能性设施,承担着国际性视觉文化交流的重任,为国内外优秀当代艺术作品提供最好的展示环境,为中外艺术交流提供良好的氛围条件。原址上一座高 165 米的钢筋混

◎ 上海当代艺术博物馆

凝土烟囱，见证了中国近代工业的发展历程，昭示着浦江两岸新一轮的历史机遇和文化创造。

　　上海当代艺术博物馆参照国际艺术博物馆运营经验，逐步建立起"理事会决策、学术委员会审核、基金会支持"的"三位一体"运营体系。其组织构架分为展览策划、公共教育、信息推广、事业发展、运营管理等五个部分，是中国大陆第一家公立当代艺术博物馆，是集当代艺术展览、收藏、研究、交流、体验、教育等功能为一体的标志性城市公共文化活动中心。

23 第一条越江公路隧道——
打浦路越江隧道

1970 年 9 月 28 日，位于上海市区西南部黄浦江上游的我国第一条穿越黄浦江底的打浦路越江隧道建成，次年 6 月正式通车。因浦西出入口处在中山南一路打浦路口而得名，浦东出入口处近耀华路。

隧道建成以前，浦东和浦西之间的交通依靠舢板和轮渡，过江花费的时间很长，而且由于黄浦江的阻隔，上海浦西和浦东的两岸发展很不平衡。1966 年 3 月，打浦路隧道工程建设项目获国务院批准，工程投资由国家补助 4000 万元。隧道工程采用盾构法施工，实现了中国盾构法隧道零的突破。

建成后的打浦桥隧道由浦西引导段、江中段及浦东引导段三部分构成，长 2736 米，车行道宽 7.07 米，为双车道路面，高 4.1 米。内有照明、电话、排水泵房以及消防、测速、车辆计数、限高标志、电视监察系统，并使用全横向通风方法。隧道日夜开放。通行车辆以货运为主，公交和其他客车为辅。越江隧道通车后，缓解了上海交通拥挤状况，加速了城市交通事业和两岸经济的发展，同时也为复杂地质条件下修建越江隧道和城市地铁工程积累了经验。

第一条越江行人隧道外滩观光隧道

链接一

2000 年 10 月，我国第一条越江行人隧道——外滩观光隧道开通。外滩观光隧道位于上海浦东新区东方明珠广播电视塔和黄浦区南京东路外滩之间，全长 646.7 米，隧道内径 6.67 米，是融交通与旅游功能为一体的标志性景观工程。

隧道内采用两套照明系统，一套为交通时段开放的普通照明，一套则为旅游时段开放的景观照明。该隧道首次创造性地将大型声光电、多媒体、光导材料、激光等先进技术引入隧道，营造出动态景观，演示人物、历史、文化、科技、风景等各种图案、景象及背景音乐，使过江过程带有极强的趣味性、娱乐性和刺激性，给游客留下美好的记忆。

外滩观光隧道共配置了 12 台自动扶梯及四台垂直电梯，其中 2 台是残疾人专用电梯。12 辆四壁透明的观光车可以不间断地运送游客往返于浦江两岸，采用当时国际上最先进的连续式轨道自动车厢运输系统，整个过江时间在 2.5—5 分钟，每小时

◎ 外滩观光隧道

最大输送量为 5000 人次。隧道的两岸出入口由自动扶梯输送旅客，残疾人采用液压电梯输送。

外滩观光隧道将浦西外滩观光区和浦东陆家嘴地区连成一体，成为上海旅游景观中一道亮丽的风景线。

链接二

第一条双层双管越江隧道复兴东路隧道

2001 年 10 月，复兴东路隧道开工建设。复兴东路隧道系跨越黄浦江的一条规划越江通道，2000 年 5 月，过江收费取消后，过江交通流量急剧增加，为此，上海市政府将建设复兴路越江工程提到议事日程。工程于 2001 年 10 月 31 日开工，是国内首条采用盾构法施工建设的双向双层车道隧道，也是世界上第一条投入运营的双层双管 6 车道地下越江隧道，比同类单层隧道提高 40% 的车辆通行能力。该工程技术研究由上海城建（集团）公司、上海市第二市政工程有限公司、上海隧道工程轨道交通设计研究院同济大学和上海隧道工程股份有限公司共同完成，达到国际先进水平。

◎ 复兴东路隧
道入口

　　2004年9月，复兴东路隧道通车。西起复兴东路、光启路，东至浦东张杨路、崂山西路以东，工程全长2785米，其中越江段长1214米。隧道上层净高2.6米，为双车道，供小型车辆通行；下层净高4米，为单车道，供大型车辆行驶；另备一条紧急停车道。复兴东路隧道是继打浦路隧道、延安东路隧道、外环线隧道和大连路隧道后，上海兴建的第5条越江隧道。

24 告别燃煤时代

1972 年 7 月 1 日，中华路 467 号建立全市第一个液化石油气供应站。20 世纪 70 年代，上海开始使用液化石油气以补充管道煤气气源不足。上海市煤气公司自 1972 年起开发经营液化石油气业务，选定煤气管道尚未到达的地区设立供应点。当年 7 月在全市 10 个区中首选了南市区，在中华路建立了第一个液化石油气供应站，从周边地区发展用户，逐步向外延伸，后陆续在白渡路、历城路、港机新村、长青路、露香园路等处设立供应站，解决这些地区居民用气问题。"七五"期间，在学院路建成供应站，1991 年建成瞿溪路蒙自路口的液化气服务站，1993 年底在局门路 600 号增设一供应点。

2002 年卢湾区建成全市首个"无燃煤区"。原黄浦区和南市区分别于 1999 年、2000 年建成"基本无燃煤区"。此后重点突破，推进"无燃煤区"建设，通过督促有关单位实现清洁能源替代、对居民公用厨房进行无煤化改造等手段，实现辖区内无燃煤锅炉、茶水炉、灶及工业炉窑和其他燃煤设施，无散煤及煤制品加工点和销售，基本解决煤烟型污染问题。至 2003 年，两区合并后的黄浦区建成"无燃煤区"，与 1999 年"基本无燃煤区"建成时相比，清洁能源占总能源的比例接近 100%，二氧化硫的年排放总量大幅减少。

申城最后的老虎灶 链接一

2013 年 10 月，位于黄浦区北梅溪弄的上海最后一个"老虎灶"关闭。位于北梅溪弄 47 号的这个"老虎灶"已有百余年历史，是一个有茶馆的正宗灶头。"老虎灶"俗称茶水炉子、汤水店，其实就是专卖开水的店，一般也兼营"盆汤"和低档茶馆，是以前江南水乡十分普遍的一种专卖开水的小店，又有熟水店之称。因烧水处的炉膛口开在正前方，如一只张开大嘴的老虎，灶尾有一根高高竖起的烟囱管，就像老虎翘起的尾巴，因此被人很形象地称之为"老虎灶"。

"老虎灶"的兴旺和上海人的生活形态密不可分——老式的居住区域逼仄简陋，没有煤气，少有上下水管道，拥挤的空间又使得厨房只容做饭，小小的煤炉烧大量的开水也很成问题，利用"老虎灶"集中供应开水的方式得以流行。改革开放后，

◎ 最后的老虎灶

随着城市建设不断发展，旧城区大规模改造，新建房屋普及上下水管道，煤气、热水器乃至街头饮水机及供水系统不断完善，"老虎灶"失去了存在必要。20世纪90年代中期，市区里的"老虎灶"渐渐式微。至2003年，在城区内基本绝迹。2013年由于城市建设需要，北梅溪弄"老虎灶"连同周边的房子一并被动迁，申城"老虎灶"的历史终成过往，也昭示着新时代人民的生活条件日益改善。

最后一个给水站 链接二

1999年6月29日，上海多家报社、电台、电视台的记者亲眼见证了上海最后一个露天公共给水站——丽园路713弄内的3121号"公用给水站"的牌子被取下，从而宣告上海市区彻底告别给水站供水方式，全部市区居民实现引水入屋。

上海公用给水站从兴盛到消失，是半个世纪以来上海劳动人民生活变化的缩影。上海解放前，生活在棚户区的劳动人民用的是小河浜水和未处理过的土井水。上海解放后，政府在居民区建起了大量公用给水站，至20世纪60年代全市的给水站达4000处，居民全部用上自来水。

◎ 最后的给水站被拆

从 80 年代初期开始，上海各级政府投入大量资金改造给水站，完善供水设施，改善用水条件，终于在 1999 年盛夏来临前使居民露天接水、拎水的现象彻底从申城市区消失。

2002 年，丽园路 713 弄所在的街坊实施动迁改造，原先的居民区变成了公共绿地，世代居住在这里的居民，各自找到新的居所，生活得到了极大的改善。当然，丽园路 713 弄的那个给水站风风雨雨几十年，在寻常百姓心中留下了一段深深的记忆。

25 "永青"发假情真

1973 年，永青假发店成立。永青假发店原名诸元兴假发店。新中国成立后，随着经济建设的发展和人民生活水平的提高，文艺舞台百花齐放，京剧、昆曲、越剧和淮剧等剧团演出增多，就需要假发、假须，还有因各种原因造成的脱发也需要假发。创立于 1908 年的诸元兴假发店适应消费需要，发挥技艺特色，开展配发、补发服务，成效显著。1956 年，在社会主义改造高潮中，诸元兴走上了合作化道路，改名为"群力假发门市部"，进一步扩大了经营规模。

1973 年，假发店更名为永青假发店。"永青"的寓意是配上假发，能让你永葆青春。商店专门配备了设计假发的美发师，能为顾客配、补假发，梳理各种发型。实行个性化服务，使许多因伤、因病造成脱发的人，解除了苦恼，重新找回了美的感觉，树立起对生活的信心。有一位叫"白玛"的藏族姑娘，在劳动时被机器撕去了大半个头皮，不再长发，心情沮丧。后来知道上海能配假发，就专程来沪，商店美发师就为她设计制作了一个漂亮的假发套。试戴的那天，白玛姑娘特地穿了一身节日盛装，站在镜子前戴上假发，看到自己恢复了一头青丝，更显出了年轻和美丽，情不自禁地跳起了藏族舞蹈。改革开放以后的年代，人们冲破种种束缚，追求时尚，讲究形象，脱发的人要配发，不脱发的人也主张"头上打扮"，买发、配套和梳理服务不断拓展和更新，使百年老店再现辉煌。

曹素功笔墨制作技艺

链接一

曹素功墨庄在清康熙六年（公元 1667 年）创设于安徽歙县岩寺镇，1864 年迁入上海，形成具有海派特色的制墨技艺。新中国成立后，兼并制墨业胡开文、詹大有、查二妙堂等制墨坊，1967 年更名为上海墨厂，是中国制墨行业中现存历史最悠久的老字号，当代"海派徽墨"的代表。2008 年企业实施改制，成立上海周虎臣曹素功笔墨有限公司，曹素功墨厂归属于上海周虎臣曹素功笔墨有限公司。2010 年 1 月，成为上海世博会特许生产商，并推出世博题材新墨。2011 年，又推出高档漆烟新品墨汁。在国内文房四宝名店中设立了品牌专柜，在各省市主要文化用品批发市场设立特约经销点，墨锭、墨汁的销售平均每年增幅 25% 以上。产品销售与市场占有率在行业中名列前茅。2000—2011 年间，曹素功连续 4 次被中国文房四

◎ 曹素功墨锭

宝协会授予"国之宝"称号。2005年3月，曹素功被上海市文化用品行业协会评为"畅销产品""诚信产品"。2008年11月8日，上海周虎臣曹素功笔墨博物馆建成并正式免费开放。2009年9月，曹素功被中华老字号博览会组委会授予"中华老字号最佳传承奖"。2001—2010年间，曹素功商标被市工商行政管理局4次认定为"上海市著名商标"。2011年5月，再次被商务部认定为第二批"中华老字号企业"称号。同年，徽墨制作技艺（曹素功墨锭制作技艺）被列入第三批国家级非物质文化遗产代表性项目名录。

链接二　中国古代印刷术的活化石

朵云轩创立于光绪二十六年（1900年），以制作、出售信笺、成扇和账册等为主业，其手工印制的信笺和扇面出品考究典雅，得到文人雅士、社会贤达的珍爱。除去印制信笺外，朵云轩的木版水印书画作品惟妙惟肖，几可乱真。曾有齐白石的《青蛙》经朵云轩印后，竟被人误当原作收购。甚至连白石老人

◎ 朵云轩

自己都无法鉴别朵云轩照其原作水印的《虾》是真迹还是仿作。

新中国成立后，朵云轩拯救、发展几乎已经失传的木版水印绝艺，印有明代画家徐渭《杂花图卷》，明代出版家、书画家胡正言编梓的《十竹斋画谱》，东晋画家顾恺之《洛神赋图》等鸿篇巨制，写下我国木版水印新篇章。其中，《十竹斋画谱》在 1989 年莱比锡国际图书艺术展上引起轰动。评委会专家始终无法理解中国人如何印出如斯作品，无论怎么放大都看不到任何网点，全如真迹，因而在金奖之外破例设置"国家大奖"授予朵云轩。

1992 年，朵云轩注册成立国内第一家艺术品拍卖公司——上海朵云轩艺术品拍卖公司，并于 1993 年举办首场艺术品专场拍卖会，敲响了中国大陆艺术品拍卖第一槌。1997 年更名为上海朵云轩拍卖有限公司。朵云轩先后被国家商务部和国家工商总局认定为中华老字号企业，2008 年，"印刷术活化石"朵云轩木版水印工艺入选第二批国家非物质文化遗产保护名录。

26 医疗援助唐山大地震

1976 年 7 月 28 日，河北唐山大地震。原黄浦区先后派出 3 批医疗救护队共 129 人，南市区分批派出 110 名医务人员，卢湾区先后派出 2 批 20 余名医务人员，参加上海抗震医疗队，前往唐山灾区，参加救护工作。

第一批医护人员根据需要自备药物、医用敷料和器械等，在地震发生后的第二天一早乘火车赶赴唐山。一路辗转于 31 日进入唐山市。震后的唐山市缺电缺水缺食物，医疗队因陋就简，在空地上搭建帐篷收治伤员。有的医疗队没地方搭帐篷，就搭在废墟上。医疗队除了应诊，每天还要派出医护人员进行巡诊，救治临时简易棚里的伤员。当时黄浦区妇产科医护人员为救治一名宫外孕患者，置自身安危于不顾，主动向患者献血的事迹，被当地报纸以醒目的标题《上海人民的鲜血输进了唐山人民的血管里》报道，表达了震区人民对上海医疗队医护人员的感谢之情。

驰援汶川灾区

链接一

2008 年 "5·12" 地震发生后，原黄浦区各街道、社区居委分别设立捐赠款物站和捐赠款物箱，接受捐款捐物。各级机关党员带头开展 "一日捐"，捐钱和衣被。全区 30224 名党员还交纳特殊党费 1054.6 万元。截至 5 月 19 日，区内各民主党派有 1344 人交纳了特殊党费、特殊盟费、特殊社费，开展专项捐款等活动。区黄埔同学会 28 位成员、平均年龄 75 岁以上，他们不顾自身生活困难，也为灾区捐款。区工商联会员企业和个人捐款捐物总额达 2300 多万元。黄浦区干部群众通过区民政局、区慈善基金会和区红十字会捐赠钱款累计 6950 余万元。

5 月 13 日至 18 日，黄浦区 "血管办" 在南京路步行街、人民广场、成都北路三处采血点共采集血液 1841 人。区总工会向四川籍务工人员帮困送暖，全区职工捐款 168 万；筹集 200 万，走访慰问四川籍职工。19 日，区 "赴灾区防疫突击队" 组成 14 名区城管队员和 6 名区 "爱卫办" 工作人员作为突击队员，分五批赴灾区。卫生局组建 11 人的综合性医疗卫生队伍，对口都江堰开展基本医疗服务。消防黄浦支队先后派出 2 批共 31 名官兵赴灾区抢险救灾。救出幸存者 5 人。

地震发生后，卢湾区成立 5·12 汶川地震救灾捐赠接收工作办公室，在全区设 9 个捐赠接收点。卢湾消防支队派出 6 名队员赶赴灾区。区内卫生医疗系统先后派出

◎ 市民踊跃为汶川灾区捐款

135 人次分赴灾区救援。其中区疾病预防控制中心先后派出 13 名医务人员。区政府通过压缩经常性经费预算开支的 5%，核算约 1300 万元全部用于抗震救灾工作。5 月 15 日，全区开展"一日捐"活动，当天募款 598 万元。5 月 23 日，举办"情牵汶川，卢湾在行动——卢湾区抗震救灾义演募捐活动"，一小时募集捐款 1050 万元。据不完全统计，至 6 月 10 日，卢湾区累计收到募捐款 5031.9 万元。至 6 月 30 日，先后向来自地震灾区的 1098 名在沪务工人员发放特殊救济金 111.6 万元。

对口援助都江堰

链接二

2008 年"5·12"四川汶川大地震之后，按照市委、市政府要求，原黄浦区、卢湾区落实对口支援四川省都江堰市聚源镇、天马镇灾后恢复重建工作。

2009 年 4 月，原黄浦区与都江堰市聚源镇签署灾后恢复工作备忘录，实施对口援建项目 10 个，投入资金 313.02 万元，包括聚源镇五龙村基础设施建设、村级公共服务点配套设施、环境综合整治设备、卫生院医疗器械设备添置，以及民政、教育、卫生等系统的

◎ 2008年上海都江堰社区守望相助活动，都江堰孩子来沪欢度暑假

共建结对项目。8月，黄浦区 6 个街道分别与聚源镇 11 个村（社区）签订《社区守望相助项目协议书》，内容包括组织当地居（村）委会干部来沪培训，提供帮扶慰问及活动用品，安排专家赴当地作专题讲座。2010 年，完成聚源镇灾后重建任务。2011 年，实施蔬菜种植基地产业项目和良种生猪养殖场技改项目。

　　2009 年 2 月，卢湾区与都江堰市天马镇签署《2009 年度卢湾区援助天马镇灾后恢复重建备忘录》，落实援助资金 407.2 万元，用于支援当地编制城乡总体规划，乡村道路、农贸市场建设，环境整治设备的添置，当地医务人员、教师的培训，捐助当地贫困学生，春节慰问贫困家庭，举办都江堰市中小学生绘画展系列活动等。同年，区民政局赴天马镇培训养老院工作人员。瑞金二路街道社区医疗中心和天马镇卫生院建立帮扶关系。2010 年，投入资金 400 万元，援建天马镇柏条河中桥，年内竣工通车。

瑞金医院成功完成国内
第一例心脏移植手术

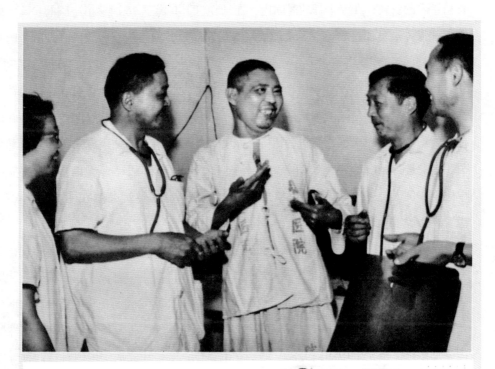

上海科技报

SHANGHAI KEJIBAO

第221期　　　1978年7月14日

首例心脏移植奏凯歌

——记瑞金医院医务人员为心脏移植手术苦战攻关的事迹

丁铃铃，丁铃铃……，一辆白色救护车载着一位晚期风湿性心脏病人，同机以每小时七十公里的速度，从第二人民医院出发，风驰电掣般驶往瑞金医院。

一时许以后，上海第二医学院附属瑞金医院外科门诊里，收进了一位弥留如参，奄奄待毙的，不能平卧的病人。

为了抢救重危病人

事实，日前，全世界已有二十二个国家和地区开展了心脏移植工作，并已于一九六七年底，第一次获得成功。自那时开始，先后有六十五个外科手术组，对三百多例治无效施行将死亡的广大患者行了同种异体心脏移植手术，至今还活着的有八十未，一百多个曾经过这样心脏手术后，有了新的生命奇迹的事实，缩，把血液输送全身，心脏收缩要消耗一定的能量，因而体的供心就得不到体内的血液供应，要它继续收缩，就要消耗心脏内的储存的一分能量，这个能量为数很微，消耗殆尽，心脏就不能再跳动了。怎样使供心降低新陈代谢，减少消耗，但又不等于完全停止跳动，使它在被上受体前，可以保存摘离的时间，而接上一定成分的冷溶液灌注。灌注组的医务人员如今

1978 年 4 月 21 日，瑞金医院胸外科完成中国第一例人类同种原位心脏移植手术，这也是亚洲第一例心脏移植手术。

1977 年下半年起，瑞金医院胸外科连续收治了好几位终末期的心脏病病人，由于不能进行有效的治疗，几个病人在短期内心脏都停止了跳动。为了病人的生命，瑞金医院决定开展心脏移植的研究。1977 年 11 月，研究人员开始收集国外有关心脏移植手术的资料，在 5 个月的时间内，在动物身上共做了 36 次移植心脏的实验。取心组的医务人员通过实验，逐步加快取心的速度，摸索出一套保证供心脏质量的关键性措施。负责灌注液的医务人员不断改进工作方法，能使离体的心脏保存长达 7 小时。接心组的医生，不断提高缝接心肌和血管的速度，精巧地掌握好缝针的针距和拉线的松紧度，使刚刚缝接的心脏经得起立即起搏跳动的考验。国产人工心肺机使用时间有限制，操纵心肺机的医务人员探索出一套有效的使用方法，有力地配合了手术的进行。1978 年 4 月 21 日，在外科团队的配合支持下，瑞金医院胸外科完成中国第一例人类同种原位心脏移植手术，这也是亚洲第一例心脏移植术。手术成功，患者存活了 109 天。

瑞金医院以疑难危重疾病诊疗为己任，不断挑战技术禁区，20 世纪 50 年代，瑞金医院因成功救治严重烧伤面积达 89.3% 钢铁工人邱财康，打破了当时国际上"烧伤总面积超过 80% 无法治愈"的定论而蜚声国内外，指导大面积烧伤补液的"瑞金公式"作为经典规范沿用在全球范围内并使用至今；1957 年确诊国内首例原发性醛固酮增多症，奠定了中国内分泌代谢病学的基础；70 年代完成了国内首例同种异体心脏移植和首例同种异体肝脏移植；90 年代在白血病分子生物学研究和临床医疗领域取得了重大进展，急性早幼粒白血病治疗的"上海方案"已成为国际公认的规范治疗手段。

除手术　颌面联合切　国内首例颅　链接一

1978 年 6 月 28 日，上海第二医学院附属第九人民医院口腔颌面外科在国内率先开展颅颌面联合根治手术，治疗晚期颌面部恶性肿瘤。

口腔颌面部疾病，尤其头颈肿瘤是危害人类健康最

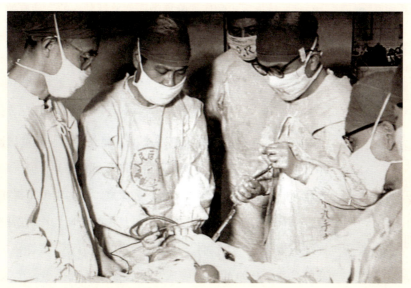

◎ 第一例颅颌面联合根治术

重要的疾病之一,而侵犯到颅底的晚期颌面部恶性肿瘤更一度被视作医学禁区。20世纪70年代末,一位左侧上颌窦肉瘤侵犯颅底的患者找到上海市第九人民医院口腔颌面外科邱蔚六教授,病患的肿瘤已侵犯到颅底,导致神经疼痛和无法张口,按当时的医学水平这种情况已经无法进行手术。邱蔚六苦心思考治疗方案,希望借鉴矫治颅面畸形的经验,请神经外科医师合作行颅内外联合切除手术,从而达到"整块切除"的目的。他找到神经外科尚汉祚教授,二人反复模拟手术,查看资料,经过半年摸索,一套侵犯颅底口腔颌面部恶性肿瘤手术方案终于出炉——为避免感染,手术顺序应先做颅内,后做颅外;脑颅打开后,将颅底分离开来,暴露颅底上面,确认需要保护的组织,然后设计截骨线。1978年6月28日,邱蔚六与尚汉祚终于将手术刀探进了颅底这块禁区,经过7个多小时的手术,肿瘤终于被完整切除,国内第一例颅颌面联合切除手术取得成功。一个月后病人痊愈出院。

此后,邱蔚六和同事们又成功地做了不少这种手术,而且在应用显微外科技术立即行封闭式修复方面做了不少的改进,取得了功能容貌方面的提升。邱蔚六及时总结了经验,在学术会议和医学杂志上进行交流,国内其他单位也相继开展这种手术。颅颌面联合切除手术成为治疗侵犯颅底的晚期颌面部恶性肿瘤的一种有效手段，为某些晚期肿瘤病例开辟了一条有希望治愈的途径，获 1980 年卫生部重大科技成果乙等奖，上海市重大科技成果三等奖。

华东地区首例试管婴儿诞生

1978 年 7 月，世界上第一个试管婴儿路易斯在英国诞生，90 年代，中国北京、湖南等地陆续诞生试管婴儿，但上海及华东地区的女性仍往返奔波于医院和家庭，因为求子不得而遭人口舌，有的家庭甚至面临解散。复旦大学附属妇产科医院（又称红房子医院）严敬明及其团队萌发了致力于"试管婴儿"研究的念头。1994 年，医院成立试管婴儿研究小组，严敬明带领团队成员夜以继日地查阅国内外相关杂志和论文，虽反复试验和论证，但由于经验不足，遭遇重重困难。在临床试验阶段，试管婴儿前期促排卵需要给准妈妈注射促排卵针，国外的起步计量是 3—5 针，但这一剂量在院内实验全部失败，团队成员

◎ 1995年，华东地区第一例试管婴儿在复旦大学附属妇产科医院诞生

尝试逐步减量，经过多次实验，终于找到了适合中国妇女的起步计量，跨过了"洋技术引入中国"的第一道门槛。经过了数不胜数的实验，解决了一个又一个难题，1995年，华东地区第一例试管婴儿成功诞生，拉开了沪上试管婴儿工作的新纪元。该项成果在1996年被评为上海市科技成果二等奖。

28 话剧《于无声处》听惊雷

1978年9月23日，《文汇报》发表长篇通讯《于无声处听惊雷》，连续三天用了四个版面发表《于无声处》的剧本。由当时普通工人宗福先编创的话剧《于无声处》，在上海工人文化宫的小剧场首演，引起观众的强烈反响。这是国内最早表现"天安门事件"的舞台作品。于无声处响起的这声惊雷，炸响了刚摆脱沉重浩劫不久的中国大地，痛快淋漓地表达了当时人民的愿望、人心的向背，奏响了代表时代方向、民众呼唤的历史强音。11月，剧组进京演出，受到了中央领导的接见。

《于无声处》以1976年震惊中外的"天安门事件"为背景，表现了革命干部梅林之子欧阳平，因参加悼念周恩来、声讨"四人帮"的天安门诗歌运动而被迫逃亡的经历。作为"被通缉犯"的他，来到故交的家庭之后，在这个家庭中激起了巨大波澜，这个家庭中四个成员面对正义、良知与阴谋、权势，面对民族命运与个人利害，做出了不同的选择；表现了人民群众对周恩来总理的崇高敬意和深情怀念，对"四人帮"的无比憎恶和义愤。

《于无声处》所反映的是当时中国社会存在的一种精神政治现实。它把生活搬上了舞台，代表民众对于社会秩序重建和重振国家精神的普遍诉求。这也是为何《于无声处》能有强烈的社会感召力，由下而上从工人文化宫里走向全国舞台的重要原因。

链接一

唯一标准《实践是检验真理的》学习讨论

1978年5月11日，《光明日报》发表特约评论员文章《实践是检验真理的唯一标准》，由此引发了一场关于真理标准问题的大讨论。在邓小平等老一辈革命家的引导和支持下，这场讨论迅速冲破层层阻力，形成一股要求解放思想、实事求是的历史潮流。1978年12月，中共中央召开十一届三中全会，开创社会主义现代化建设的新时期。

1979年开始，黄浦区委按市委部署向党员干部传达中共十一届三中全会精神，深入开展实践是检验真理的唯一标准的讨论和宣传，批判"两个凡是"的错误方针，恢复实事求是的思想路线，进行彻底否定"文化大革命"的思想教育，促进广大干部群众解放思想，为拨乱反正扫除思

◎ 卢湾区工人俱乐部职工认真聆听《实践是检验真理的唯一标准》讲演

想障碍。同时，贯彻党的路线、方针、政策，进行全面拨乱反正，复查平反"文化大革命"中的冤假错案，妥善处理历次政治运动中大量遗留问题，改正错划右派和错划反党反社会主义分子的案件，清理干部档案，全面落实党的各项统战政策。贯彻"调整、改革、整顿、提高"方针，把工作重点及时转移到现代化建设上来，使区域经济建设走上稳步发展的轨道。

区委党校复校　链接二

1978年12月，中共中央召开十一届三中全会，开创社会主义现代化建设的新时期。各区区委贯彻中共十一届三中全会精神，全面拨乱反正，遵循党的基本路线，以经济建设为中心，坚持四项基本原则，坚持改革开放，组织全区人民发展经济，加强社会主义民主和法制，发挥人民代表大会、政府、政协的职能作用，尤其重视加强党的建设，紧抓党员干部党纪党风教育。

同年，黄浦区、卢湾区、南市区区委党校继文革初期停办后相继恢复办校，按照《中共中央关于办好各级党校的决定》，举办各种轮训班、读书班，轮训区级党政机关和各级党组织干部。主要轮训内容有中共十一届三中全会以来的路线方针政策，《目前的形势和任务》《关于建国以来党的若干历史问题的决议》《马列著作毛主席著作干部学习文选》和中共十二大文献等。

党校在马克思主义基础上统一全党的意志和行动，按照"四化"的任务和当下形势确定教学任务，围绕党的思想路线、政治路线和组织路线，有重点地学习马列主义、毛泽东思想基本原理，学习党的重要文件，坚持学习理论、联系实际、解放思想、实事求是，努力把马列主义、毛泽东思想的普遍原理同社会主义现代化建设的具体实践结合起来，不断丰富教学内容，提高教学质量，成为党委领导下的培训党的干部的学校，成为宣传、捍卫马列主义、毛泽东思想的重要阵地。

◎ 黄陂南路363号卢湾区委党校

29 福民街小商品市场

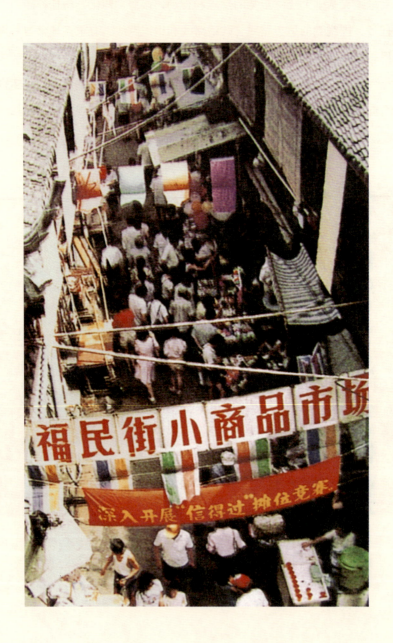

1981 年 1 月，"福民街小商品市场"挂牌。上海福民街小商品市场位于原福民街、福佑路一带，是兴起于改革开放初期，依傍历史商业名街城隍庙而逐渐形成的马路小商品一条街。1981 年 1 月，经南市区政府批准，在人民路、福民街路口挂牌"福民街小商品市场"，将露天摊棚统一纳入福民街小商品市场，从此个体商贩不仅有了合法的经营场地，豫园周边的经营环境也得到了改善。

挂牌之初，有近 400 户个体商贩在场内设摊。经营商品紧跟潮流，以"小""多""廉"为特色，品种多达 3000 多个。货源主要来自上海或外省市集体和私营企业。市场经营方式灵活方便，批发零售兼营。随着市场的发展，经营场地逐渐外扩，以中间的福民街俗称"直街"为中轴，向毗邻的安平街、保仁弄、达步街等俗称"横街"发展，形成纵横交错的小商品商业街网络，整个市场面积 1900 余平方米，登记商户 900 余户。

福民街小商品市场成立后，不少个体商户通过劳动堂堂正正富起来，同时随着成交额每年上升，为国家上缴了大量税收。至 1990 年，福民街小商品市场共成交小商品 30159 万元，其中 1990 年小商品成交额达 5432 万元，比 1981 年初建时的成交额 1221 万元，增加 3.4 倍。到 1996 年递增到 12937 万元，管理费、服务费达 424 万元，税收达 542 万元。

1998 年 6 月，福佑商厦建成营业。作为改革开放后第一代占地经营的福民街小商品市场，部分商户搬入福佑商厦。2001 年 11 月，福佑门商厦建成，福民街小商品市场全部迁入室内，改变了过去马路市场的状况。

柳林路小商品市场

链接一

1979 年，卢湾区八仙桥地区周边出现小商品无证摊贩，由于摊贩众多，严重影响交通，1980 年 10 月 19 日，卢湾区人民政府在淮海路至桃源路段的柳林路上，设立柳林路小商品市场，引导个体商贩进场经营。这是改革开放后上海组建的首家小商品市场之一。初设摊位 80 个，后市场南延至崇德路；至 1985 年，摊位增至 422 个。经营品种初为节约领、枕套、尼龙包、玩具等小商品 30 余种，后增加成人服装、童装童袜、工艺制品等商品，品种达 70 余种。经营方

◎ 20世纪80年代的柳林路小商品市场

式从零售为主发展到批量销售。至 1985 年，该市场已发展成为上海市第一个具有活动摊房设施的专业服装市场。

柳林路商品市场引起美国、日本、加拿大、印度等国记者的关注。1984 年，日本共同社记者刊发《中国见闻：个体经营者意气风发》的报道。1987 年 11 月 30 日，《解放日报》刊登由中共上海市委宣传部与《解放日报》记者联合撰写的长篇调查报告《上海一条默默无闻的小马路柳林路已变成全国颇有名的服装市场》，将这个市场推向全国。

1993 年，在柳林大厦基地的沿街地段出现简易摊房，形成羊毛衫批发市场，带动服装业务，市场一度兴旺。

 链接二

产品市场 十六铺农副

十六铺地区历来是上海全市水果、蔬菜、水产、南北货等农副产品的主要集散地。"文革"期间，十六铺农副产品市场被迫关闭。党的十一届三中全会后，农村多种经营迅速发展，农副产品大幅度增长。1979 年 10 月 16 日，南市区政府恢复开设

◎ 1979年10月，关闭多年的十六铺农副产品交易市场恢复

十六铺农副产品市场。初期在方浜东路开设临时市场，两个月后迁至外咸瓜街。市场占地面积3500平方米，进入市场设摊的有集体、个体工商户和农民500多户。是上海最大也是改革开放后的第一个集市。不到一年时间，摊位已多达1200个，进出市场的顾客、买主，每天平均要上万人次。集市范围和规模越来越大，在外咸瓜街十六铺农副市场周围，形成批发和专业零售市场17个。经营的商品有干果、水发、水产、杂粮、肉类、海蜇、禽蛋、蔬菜、地货等15个大类200余个品种，成交额逐年增加。市场经营方式灵活，少环节，多渠道，随行就市，协商论价，易卖易买，方便消费者。在长期发展中，市场形成各自的经营特色，其中位于外咸瓜街北段和南段的分别以经营中、高档水产品和专营海蜇批发而享誉沪上；位于老太平弄的则是沪上最大的姜蒜批发市场，日销量达数万公斤。

十六铺农副产品市场每天发布市场形态、消费容量和市场价格水平，为全市各大农副产品交易市场及全国各地商贩提供市场信息。由于客商云集，促进了这一地区旅馆、餐饮和运输业的兴起，为解决社会闲散人员和外来人员就业创造了条件。

1998年12月15日，十六铺农副产品市场从马路集市分别搬迁至老太平弄189号1300平方米的室内以及沪军营路的申威达厂房和绿苑商厦内。

30 南京东路上学雷锋活动

1982 年 3 月 16 日，南京东路上的上海第一医药商店 5 位民兵团员，推出一辆"义诊义疗为民服务小车"，为过往行人提供量血压、称体重、测体温、医药咨询、伤口包扎等保健类服务。这就是在南京路上第一个开展"学雷锋做好事"活动的"为民服务台"。

当年的 6 月 20 日，南京东路沿街各企事业单位和居民区的民兵团员纷纷仿效，竞相参与学雷锋为民服务活动，南京东路学雷锋为民服务活动正式在全区拉开序幕，并形成每月 20 日"为民服务日"制度，定期开展为群众义务服务活动。志愿者都是利用自己上班前的业余时间，从早上 7 到 9 点两个小时的时间设摊服务。这一制度一直长期坚持，从未间断。

南京东路学雷锋为民服务活动的服务形式不断创新。1991 年 3 月 20 日，上海第一医药商店为民服务的组织者陶依嘉与本店女民兵及老大房食品商店女民兵一起，结成南京路上为民服务的"三姐妹"，在立足本职岗位的同时，走街串巷做好人好事。1996 年 6 月，陶依嘉又与新世界商城、培罗蒙西服有限公司、新雅粤菜馆等几家南京路服务行业的女民兵一起，组成"南京路拥军优属十姐妹"，主动与社区里的 10 位军烈属结对，利用双休日义务上门，为他们提供打扫卫生、买米买菜、扛煤气罐等服务。1997 年 11 月，上海第一医药在全市医药行业中开通第一条 24 小时服务热线——"依嘉医药热线"，运用电话、传真、网络等手段，方便、快捷地满足上海乃至全国各地群众求医问药的需求。热线开通后，商店内部成立了一支由 68 位民兵团员组成的"献爱心志愿者服务队"，为市区 80 岁以上老人、孤老、残疾人、军烈属和有特殊困难的居民义务送药上门。

2018 年 3 月 20 日，黄浦区军地整合民兵力量，组建"南京东路民兵连为民服务队"，60 多名穿着迷彩服、佩戴"民兵"字样的黄浦民兵，摆出 10 多个摊位，为群众提供理发、电器修理、法律咨询、医疗保健、电脑手机维护等 10 多项免费服务。

南京东路学雷锋为民服务活动开展以来，参与设摊服务的队伍像滚雪球似的越来越大，摊位从刚开始的一辆小车发展到如今的 200 多个，服务内容也由原先的理发、磨刀发展到现在的手机维护、法律咨询、环保节能等 80 多个，共计为民服务 400 多万人次。全市各区县、各行各业的学雷锋志愿者服务队也纷纷来南京东路设摊服务，成为南京路上一道靓丽的风景线。

◎ 豫园商城为民服务活动现场

豫园商城民兵为民服务活动

链接一

2018 年 10 月 15 日，又到了豫园街道民兵志愿者为民服务日。来自辖区企事业单位的民兵志愿者近 50 人在豫园商城 7 号门设摊开展为民便民服务，当天累计为民服务约 400 人次。

豫园商城中心广场的学雷锋为民服务活动始于 1983 年。每月 15 日，豫园街道、豫园商城和驻区部队等单位组织参与，以统一的服务摊位设施，为市民和中外游客开展各类服务项目。

为满足居民日常生活的需要，民兵志愿者服务队不断调整服务内容，由原先的理发、磨刀、量血压、修伞、修钟表和小家电等，发展到国防教育和兵役宣传、防灾减灾和消防知识宣传、金融防诈骗宣传、法律与司法调解咨询、健康医疗咨询、血糖骨密度测试等服务内容。豫园商城民兵为民服务活动受到市民欢迎，被社会各界和中外游客誉为"不穿军装的好八连""九曲桥畔活雷锋"。

链接二

上海首个『学雷锋』
公益主题公园开园

2013年2月25日，以纪念毛泽东等老一辈无产阶级革命家为雷锋同志题词50周年为契机，区志愿者协会在淮海公园举办"美丽黄浦，绿色生活"——学雷锋公益主题公园活动，宣告全市首个学雷锋公益主题公园在淮海公园开园。此后每月25日，淮海公园定期开展主题公益服务活动，为社会公益组织提供活动场所。活动由政府购买服务，区志愿者协会牵头、社会公益团体自发参与，利用白领青年志愿者的午休或下班时间，提供公益募捐、爱心义卖、关爱弱势群体等公益服务。

淮海公园学雷锋公益主题公园活动成为继南京路、豫园商城学雷锋实践基地后，又一"学雷锋"志愿服务新地标。至此，黄浦区的学雷锋志愿服务已经从南京路辐射全区，由南京路学雷锋活动、豫园商城中心广场学雷锋活动、淮海公园学雷锋公益主题活动构成"一街、一城、一园"三点格局。

◎ 淮海公园内的学雷锋公益主题集市

31 沪港合资的新型办公大楼

1985 年 4 月 30 日，位于延安东路 100 号的联谊大厦建成。它是上海改革开放后沪港合资建造的现代化第一高楼，成为当年上海滩的标志性建筑。

联谊大厦由上海市投资信托公司和香港新鸿基证券有限公司合资建造。1983 年，新鸿基集团受到上海改革开放对外政策的吸引，决定来上海投资房地产。沪方以土地作为投资，港方则负责整个大楼和现代化设备工程的费用作为投资。设计方为上海市华东建筑设计院。大厦地面共 30 层，地下一层，总高 108.65 米。一、二层为商务用房，三层为大楼设备技术层及管理用房，第四至第二十八层是办公用房的标准层，办公室可根据需要自行灵活隔设，第二十九层及第三十层为电梯机房与电传用房。从设计到竣工仅用 1 年零 5 个月时间，由于设计创新和施工革新，创造了三、五天一层的"上海速度"，提前 6 个月竣工。使用后 4 年即收回投资。

联谊大厦是上海第一座最早使用大面积玻璃幕墙的高层建筑。玻璃幕墙特别选用"灰褐色"，作为外滩建筑群的背景部分，烘托外滩的建筑群。大厦内部结构借鉴世界各国先进经验，大厅采取无柱空间设计。3 万平方米的大厦总共只用了 14 根内柱组成。后来陆续建造的办公大楼，也纷纷采用无柱空间的设计。在结构设计上，主楼和裙房之间不设沉降缝，能满足使用、抗震、抗渗等要求，在软土地基上采用这种方案，也是国内首例。

建成后的大厦作为港资和外商企业以及外国领事馆办公用房，吸引众多公司、机构纷纷入驻，其中不乏花旗银行、ABB 公司、三洋电机、新鸿基、法国达飞轮船有限公司等众多世界知名金融、贸易机构的入驻，是当年上海滩为数不多的高级白领集中的场所。"到联谊大厦上班"，曾经是许多年轻人梦寐以求的理想。

外销楼雁荡大厦

链接一

1985 年，位于雁荡路 107 号的上海第一幢中外合作设计建造的对外出售住宅及办公楼——雁荡大厦建成。大楼平面呈十字形梅花状，内天井，现浇钢筋混凝土框筒结构。外墙全部采用意大利彩色玻璃马赛克贴面。大楼共有住房 197 套，两室一厅（111 平方米）和三室一厅（127 平方米）两种类型。28 层，高 83.5 米，建筑面积 2.47 万平方米。工程获国家建筑工程鲁班奖。1983 年 11 月，主楼

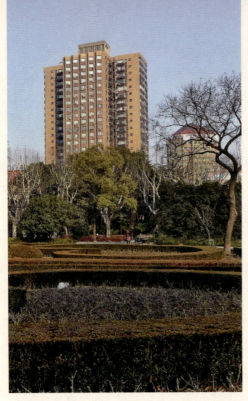

◎ 雁荡大厦

工程开始打桩，1985年4月竣工。平均每月完成4层结构，最快时一个月完成5层结构，被誉为"上海速度"工程之一。大楼供港澳同胞、海外侨胞、华裔外籍人士及归侨、侨眷使用。由中国建筑总公司上海分公司、香港永兴企业公司、香港上海实业有限公司合资建造。上海市民用建筑设计院设计，上海市第四建筑工程公司施工。

东风饭店　肯德基落户外滩　链接二

1989年，上海新亚（集团）联营公司和美港合资企业正大肯德基投资有限公司创立上海肯德基有限公司。12月，上海首家肯德基门店在外滩2号的东风饭店开业。上海肯德基有限公司引进全套标准的美国肯德基炸鸡设备、加工技术和管理经验，专利生产、经营美国肯德基家乡鸡原味炸鸡为主的配套美式快餐。

肯德基的开业在上海引发了轰动。餐厅整洁舒适的环境，统一的价格，便捷的

◎ 第一家肯德基开张，顾客正在点餐

服务，受到了市民的欢迎。尽管价格不菲，但人们争相排队品尝炸鸡、薯条、卷心菜丝沙拉，成为一时风潮。

自从肯德基进入上海，西式快餐从此兴起，让中国餐饮业第一次感受到现代连锁快餐企业的运作模式。标准化口味、品牌经营策略、中央厨房配送、完整的供应链体系等经验引发中国快餐业者的模仿和挑战。在肯德基开出第二家人民广场店后不久，荣华楼酒家成立了荣华鸡餐饮有限公司，在南京东路的乐乐辰商城、南京西路黄陂北路口和浦东崂山西路上新建起门店，甚至在北京安定门和东四也开设分店。上海商业餐饮业掀起了学习肯德基创建中式快餐的热潮，除了荣华鸡，大千美食林、新亚快餐、永和豆浆、新亚大包等中式快餐店先后诞生，标准化、供应链管理、品控体系等新兴餐饮业经营方式由此进入中国。

1987 年 11 月 25 日，豫园商场被批准为全市商业系统第一家股份制企业。豫园商场成立于 1972 年，当时的南市区革委会财贸组将老城隍庙市场内的百货、饮食、烟糖等商店从各区公司划出，建立豫园商场。1979 年，又将由豫园商场管理的饮食、烟糖、果品、照相等商店划回各区公司管理，同时设置豫园商场管理委员会，协调商场地区的商业活动，百货、土产、五金交电等行业仍隶属豫园商场。1987 年 11 月 25 日，在市委、市政府的大力支持下，豫园商场被批准为全市商业系统第一家股份制企业，成立豫园商场股份有限公司。1988 年 3 月 8 日，豫园商场向社会公开发行股票。在上海证券交易所成立后，豫园商场股票成为最早挂牌交易的股票之一，俗称"老八股"。

在实现股份制改革的过程中，豫园商场干部和职工大胆闯、大胆试，在保持小商品王国的同时，发展了黄金饰品、家用电器等适应当时消费需求的经营门类，并成为小额出口创汇先进企业，销售和利润大幅增长。豫园商场股份制改革的成功实践，在当时的上海和全国均产生了积极的影响。

1992 年 5 月，南市区政府将豫园商场地区的财贸、集管、合作联社等系统所属商店划出，组建以豫园商场为主体的上海豫园旅游商城股份有限公司，公司股本 1.3 亿元，向社会发行股票，同年 9 月上市交易。

新世界改制上市 链接一

1988 年 8 月 24 日，上海新世界股份有限公司率先由全民企业改制成为南京路上最早的商业股份制公司，1992 年公开募股，1993 年 1 月 19 日上海新世界股份有限公司挂牌上市，成为原黄浦区首家改制上市的企业。

上海新世界股份有限公司前身是新世界百货商场，改制前有 800 平方米的经营场地，员工不足 100 人，经营细、杂、小商品，被称为南京路上的"城隍庙"。1988 年 8 月 24 日，经市体改办、财贸办、财政局三家联合批文，新世界百货商场试行股份制，成为原黄浦区第一家、上海市商业系统第二家定向募集的股份制企业，由全民企业率先改制成为南京路上最早的商业股份制公司。1992 年 5 月，新世界面向社会公开募股，以原国有净资产

◎ 1992年，新世界公开发
行股票

账面价值820万元作为国家股，原有法人股39万元，向社会增资发行股票641万元，其中向社会招募法人股241万元，向社会个人公开发行股票400万元，共募集资金5640万元。1993年1月19日挂牌上市。

1988年改制和1993年股票上市让新世界走上高速发展的通道。在南京路大调整、大改造的过程中，新世界抓住机遇，将商场整体推倒，重建总面积近75000平方米、当时浦西地区单体建筑面积最大的新世界城商厦，打破了南京路上四大公司一统天下的格局，引领南京路成为著名品牌的集聚地，成为世界著名商业街和消费者的购物天堂。改制三十多年来，新世界一步步从一个区属小企业成为黄浦商业的领头羊，其销售、利润和税收均增长了400多倍；净资产增长了3000多倍，商业不动产200多亿元，已成长为全国单体百货商业十强企业，走出了一条由小变大、由弱变强、由传统向现代跨越的创新之路。

制上市 益民百货改 链接二

1993年9月，上海益民百货总公司改制为上海益民百货股份有限公司，向社会公开发行流通股份，1994年2月，公司股票在上海证券交易所挂牌交易。

上海益民百货股份有限公司是由国营大中型商业企业上海

◎ 益民百货

益民百货总公司（前身为上海市卢湾区百货公司）改制并向社会公开发行股票而设立的。公司最初由卢湾区8家名、特、优商业企业组成，所属企业主要分布在淮海中路商业街黄金地段。1993年10月至11月，公司采取社会募集方式向社会公开发行流通股份1270万股，国有资产折价入股3763.44万股，设立之初总股本为5033.44万元。1994年2月公司社会公众股在上海证券交易所挂牌交易。公司改制以后，逐步建立了现代企业制度，积极实施战略转型，经营业务从单一的传统百货零售业调整发展为新型特色连锁商业、房地产业、酒店业等各行业多种经营，走出了品牌经营、资产经营和资本经营有机结合的跨越式发展道路。如今，集团拥有骨干企业上海古今内衣集团有限公司、上海天宝龙凤金银珠宝有限公司等近二十家全资和控股子公司；同时还参股上海新宇钟表集团有限公司等企业。集团旗下"古今内衣""天宝龙凤"等连锁品牌企业，充分发挥品牌和规模优势，积极推进连锁经营发展，取得了显著的成绩。

1990年10月6日，首届上海黄浦旅游节在仙乐斯广场开幕。上海黄浦旅游节是以食、游、购、娱为主要内容，面向国内外游客的大规模综合性旅游盛会。

黄浦区区位优势独特，具有丰富的食、游、购、娱等旅游资源。20世纪80年代末，区委区政府大胆提出以都市城区举办国际性旅游活动，以旅游节庆推动经济、带动发展的想法。1990年10月6日至12日，1990上海黄浦旅游节成功举办。旅游节期间推出了丰富多彩的旅游节目吸引海内外游客，如"大世界美食街风味小吃展销""外滩建筑灯光摄影大赛""京剧大世界""外国朋友做一天上海市民"等活动。活动期间，共有五十万人次参加了各项旅游活动，其中包括来自美国、英国、日本、德国、丹麦、新加坡等三十余个国家和地区的二千多名海外旅游者，新闻媒体争相报道，形成了广泛的社会影响。首届上海黄浦旅游节提高了黄浦的知名度和影响力，同时也开发了黄浦旅游资源，探索了都市城区举办国际性旅游活动和以旅游助发展的路子，为树立上海改革开放的新形象做出有益尝试。

第一届上海黄浦旅游节成功举办，此后连续举办了五届。每届于9月下旬举行，吸引千百万中外游客参与，规模和声势跨越了区域范围，成为上海的盛大节日。1993年被国家旅游局定为全国40大节庆活动之一。1996年，黄浦旅游节正式更名为上海旅游节，由上海市旅游事业管理委员会主办。至2019年已经举办了30届。融入"一带一路"和长三角一体化发展战略的上海旅游节成为上海展示开放形象和文化影响力的一项重大节庆活动。

玫瑰婚典 链接一

1998年10月17日，首次玫瑰婚典活动在淮海中路和复兴公园举行，活动由淮海中路上大型婚礼服装表演大游行、复兴公园隆重婚礼仪式和轻松自由的露天酒会组成，来自山西、云南、浙江、江苏、上海等省市和美国的380对幸运新人参加婚典。作为98′上海旅游节主题活动，首届玫瑰婚典由上海市旅游事业管理委员会、卢湾区人民政府联合主办，活动以"服务新人婚礼，弘扬婚礼文化"为宗旨，由新人婚礼系列服务和婚礼活动仪式两大部分组成。婚典场面宏大，淮海中路的婚礼游行的观礼者达120万人次，复兴公园的婚礼仪式参与者达6000余人。

◎ 玫瑰婚典花车巡游在淮海中路雁荡路上

　　此后，每年上海旅游节期间，玫瑰婚典作为旅游节的主题活动亮相。每年在淮海路参加盛典的新人有数百对，参与主题活动的观礼人员更是达到数十万人。除参与每年上海旅游节期间的活动外，还与国内外进行广泛合作并成功举办"情牵马来西亚""新西兰浪漫之旅""新加坡玫瑰婚典""中法文化交流年特别活动——巴黎玫瑰婚典"等海外游。玫瑰婚典逐步成为华东乃至全中国的婚礼盛事。通过活动的举办推动了婚庆市场的开发，促进商业、旅游业等产业的联动发展，逐步构筑婚庆市场服务网络，也加快了婚纱、家具、百货、酒店、旅行社等众多相关行业的发展。

花车巡游　上海旅游节　

　　2002 年 9 月 14 日，上海旅游节开幕式花车大巡游在淮海中路举办。来自世界各地的 20 支中外表演方队和 21 辆形态各异、色彩夺目的彩车沿淮海路行街表演。新天地集团组织花车参加巡游表演，该花车由 3 个石库门和玻璃幕墙建筑造型组合而成，设计简洁，寓意深刻，行街表演时，引领着表演方队行进在淮海路上。沿途 10 万名群众冒雨观看花车巡游活动。淮海中路地区（包括新天

◎ 花车巡游在淮海中路

地）的各家商业、餐饮、娱乐企业延长营业时间，开展各类促销活动，充分挖掘消费潜力。

从 2002 年起，每年 9 月的上海旅游节开幕式花车大巡游固定在淮海中路举办，花车和表演队伍组成的开幕大巡游是上海旅游节的标志活动，也是上海旅游节一道独特风景线。

34 南浦大桥建成通车

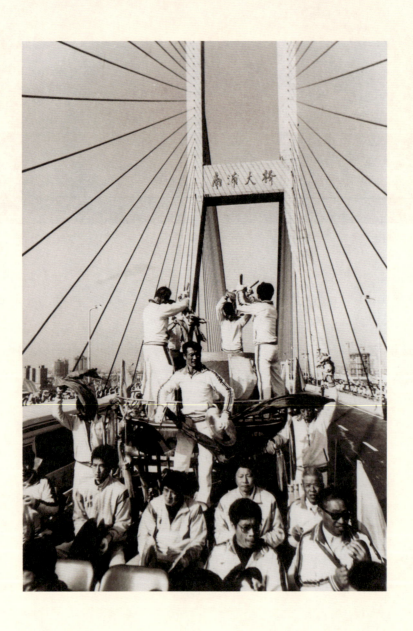

1991 年 11 月 19 日，上海市区第一座跨越黄浦江的大桥——南浦大桥建成通车。南浦大桥建在浦东南码头与浦西陆家浜路相对的黄浦江上，为黄浦江下游江面的最窄处，西接中山南路，可以北通外滩，向西登内环线高架路，东接龙阳路，通向杨高路和浦东南路。全长 8346 米，主桥为跨江双塔双索面迭合梁斜拉桥结构，设6 条机动车道，主桥两侧各设有 2 米宽的人行道，游人可鸟瞰浦江两岸，远眺全市景色。大桥主塔为钢筋混凝土结构折线 H 形，高 154 米，上有邓小平同志亲笔书写的"南浦大桥" 4 个大字。工程总投资 8.2 亿元，征用土地 645 亩，动迁企事业单位 205家、居民 5152 户，拆除建筑 28.69 万平方米。推广应用了 41 项新材料、新产品、钢结构加工工艺、土建施工、架设技术等科研成果。

在市区黄浦江上建大桥，是上海人多年来的梦想。上海解放初期，上海城市建设部门曾经成立专门小组进行可行性研究。美籍华裔桥梁专家林同炎在呼吁开发浦东之时，提出在黄浦江上连续建造一批隧道和桥梁的建议，并具体设想了造桥方案，其中之一就是建造斜拉索大桥。1988 年 7 月，国务院批准黄浦江大桥可行性研究报告。上海市工程设计院和同济大学建筑研究设计院设计，上海市基础工程公司等 20多个单位施工。1988 年 12 月 15 日，南浦大桥动工兴建。

1992 年 12 月 30 日，通过国家级竣工验收，确认南浦大桥工程质量合格率为百分之百。南浦大桥通车后，日均通行车辆七八万辆次。2000 年 5 月 1 日开始停止对过往车辆征收费用，日均通行车辆上升为 15 万辆次。南浦大桥的落成，标志着我国的结构设计、钢缆编索及张拉安装架桥工艺已经跻身世界先进行列。随着后来杨浦大桥等一批大桥的建成，中国兴建特大跨径迭合梁斜拉桥的时代已经来临。

链接一

跨越黄浦江的彩虹——卢浦大桥

2003 年 6 月 28 日，世界第一钢拱桥——卢浦大桥建成通车。卢浦大桥于 2000 年 10 月 18 日动工，历时两年零 8 个月建成，大桥北起南北高架路鲁班路立交桥，横跨黄浦江，过川杨河与外环线济阳路立交桥相接，全长 3900米，宽 39.5 ～ 41 米。大桥主桥长 750 米，采用中间提篮中

◎ 卢浦大桥像一道彩虹将浦江两岸连接到一起

承式拱梁组合体系；其中主跨 550 米，居世界同类桥梁之首，被誉为"世界第一钢拱桥"。两边跨各为 100 米。主桥设双向 6 车道和观光人行道。引桥按 6 车道至 4 车道设计。大桥两端的桥头堡有高速电梯从地面直达 50 米高的主桥面。大桥能抵御 7 级的地震强度，能抗烈度为 8.5 级以上的强变形能量以及 12 级以上的强台风。

卢浦大桥是上海"十五"期间开工建设的全钢结构特大型跨越黄浦江桥梁，是代表和体现上海最新桥梁科技和城市发展水平的重点工程。大桥总投资 22 亿元人民币，由著名桥梁设计师林元培主持设计，近万名建筑工人参与施工。卢浦大桥在设计上融入了斜拉桥、拱桥和悬索桥三种不用类型桥梁设计工艺，是当时世界上单座桥梁建造中施工工艺最复杂、用钢量最多的大桥。它的建成标志着我国桥梁技术取得了重大突破，造桥水平跃上了一个新台阶。因大桥建设，共动迁居民 829 户、单位 47 家，拆除房屋面积 4.7 万平方米。

卢浦大桥的建成通车不仅对合理分流过江交通、改善中心城区越江交通状况、加快浦东开发开放和上海经济社会发展发挥重要作用，大桥本身也犹如一道美丽的彩虹跨越浦江两岸，为上海城市增添了新景观、新标志。

吴淞路闸桥 链接二

1991 年 4 月 30 日，位于苏州河与黄浦江汇合处的吴淞路闸桥工程建成启用。吴淞路闸桥工程总投资为两亿元，是按千年一遇防汛标准加高加固的上海市防汛墙工程的重点项目，由上海市水利工程设计院和水利部上海勘察设计院负责设计，采用了国内外首创的闸桥结合、悬挂闸门的方案，桥底下面悬挂十七扇闸门，可以在十分钟内按单双先后放下关闭，挡潮水于闸门外。闸顶上面建设三跨连续的钢结构桥梁，其中主桥跨苏州河。钢桥与同时配合建设的引桥引道工程一起，形成四车道、长八百三十八米的南北交通干道。建设工程从 1988 年 10 月 27 日开工打桩，由三航二公司、上海船厂、市政一公司等三十多家单位数千名建设者奋力拼搏、精心施工，历时两年半建成。建成后的吴淞路闸桥不仅成为南北交通走廊，还在上海地区防汛工作，特别是保护苏州河两岸沿线五十多公里腹地和近百万居民免遭水患，以及缓解外滩地区南北向交通紧张状况发挥作用。

◎ 吴淞路闸桥

35 利用级差地租实现旧城改造第一例

1992 年 1 月 25 日，"斜三基地"土地使用权出让合同在上海锦江饭店隆重签约，上海市土地管理局将斜三地块中 19790 平方米土地使用权以 100 万美元有偿转让给上海海华房产有限公司，开发"海华花园"，总建筑面积 9.2 万平方米，成为上海市第一个毛地批租项目，也是上海利用级差地租改造旧区的第一例。8 月 26 日，斜三基地第二期批租启动，上海市土地管理局将该地块中 9518 平方米土地使用权，有偿转让给上海海兴房产有限公司，开发"海兴广场"，总建筑面积 6.3 万平方米。两个项目总建筑面积 15.5 万平方米，其中商业商务面积 5.5 万平方米，外汇商品住宅 10 万平方米。

斜三基地位于打浦桥地区核心地段，是斜徐路第三居委会所在地，居民 1300 多户，企业单位 26 家，这个地块危棚简屋密集，每逢台风季节，屡有险情，居民要求改造心切。在邓小平同志南方谈话精神的鼓舞下，上海市政府针对制约城市发展的瓶颈问题，突破思想上的"禁区"，探索土地批租试点，开始了市场经济条件下多渠道筹集建设资金的大胆探索和实践，由此拉开了上海大规模旧区改造的帷幕。

海华花园和海兴广场先后建成。风格迥异的高层住宅小区替代了连片的棚户区，舒心悦目的绿地覆盖了污水横流的老街，林荫大道、现代商业文化设施相继建成，凸显出集生态餐饮、体育、娱乐、休闲为一体的生气勃勃的商住区；原地块上的居民告别了环境脏乱的棚户区，迁入新居，居住环境得到了根本性改善。

土地批租改变了传统土地利用模式，变国有土地无偿使用为有偿使用，提高了土地的使用率。这种方式探索了一条利用国内外资金加快旧区改造的新路子，成为当时全国首创的大胆举措，被专家学者称为旧区改造的"点金术"。

北京东路 71 号街坊改造

链接一

北京东路 71 号街坊位于北京东路 668 号。1992 年，上海新黄浦集团对北京东路 71 号街坊采用土地批租形式进行改造，建成上海市中心区域第一块批租建设的大型楼宇——上海科技京城。

北京东路 71 号街坊是上海市"七·五"期间就已确定急需改造的 23 片危旧房地块之一，占地 2.38 公顷，绝大部分建筑

◎ 上海科技京城

陈旧老化，其中五分之一为全危房，住户密度相当高。当时利用土地吸引外资解决城市建设资金短缺的做法还处于探索阶段。黄浦区勇于承担风险，迎难而上，区房产局与外商联手以5800万美元的总地价获得该地使用权，并投资1亿美元动迁居民，租期50年，建造一个总建筑面积为20万平方米的两幢高119米31层的现代化、多功能的集商业、办公娱乐于一体的"外滩京城"。1996年建成并取名为上海外滩京城，1998年9月28日，上海市人民政府命名其为上海科技京城。这是当年上海市利用外资在浦西土地批租中面积最大、动迁量最大的项目，其经济效益、社会效益和产生的影响，在国内和海外都引起了有关方面的关注。

链接二

市中心最大的棚户基地西凌家宅改建工程

1995年10月，占地9.55公顷、建筑总量达31万平方米的市中心最大的棚户基地——西凌家宅住宅小区改建工程全面竣工，被命名为"西凌新村"。

西凌家宅基地范围东至新肇周路，西至制造局路，南至第九人民医院，北至斜土路。这里曾是居民集中的棚户区，房屋设施简陋、道路狭窄、人口密度高、居民住房

◎ 1995年建成的西凌家宅住宅小区

拥挤不堪、交通不便，是典型的"滚地龙"旧区。棚户中还夹杂着10余家污染严重的工厂。1984年，被列为"七五"期间23个旧区改造基地之一，也是南市区三大危房棚户改建基地之一。

1984年10月，基地开始动迁，两年中共动迁50余家单位，3000余户居民。1985年11月，建设工程破土动工。改建过程中，通过吸收社会资金，尤其是吸收一些资金雄厚的单位参建，解决了资金不足的问题。

经过近11年的建设，建成高层住宅10幢，其中26层2幢、30层1幢、32层7幢，多层住宅23幢。小区内辟建4条主干道，西凌家宅路两侧设置了菜场、超市、饮食店等商业网点，还建有1幢大型商业建筑，以及功能齐全的幼儿园、托儿所和变电站、水泵站、电话终端柜、煤气增压站等公共设施。建有16个总面积近5000平方米的居民停车库，布设了成块成片的草坪、乔木、园林小品等，绿化面积达1.9万平方米，覆盖率20%。居民多数回迁，部分居民迁至他地。西凌家宅的改建是原南市区旧区改造的成功典范。

36 没有硝烟的"淮海战役"

1992 年 2 月 4 日，伴随地铁 1 号线车站建设工程开工，淮海中路（常熟路–嵩山路）全线封路，淮海中路商业街改造同步进行，打响了让这条百年老街脱胎换骨的"淮海战役"。陕西南路至西藏南路区间是淮海中路商业街的核心地段。主攻方向就是商业设施改造和环境优化。

淮海中路商业街调整主要通过国有土地使用权有偿、有限期出让（即土地批租）等，引进内外资，在淮海中路西段建成国际购物中心、久事复兴广场、益民商厦、新华联商厦、雪豹商城等一批大中型商业设施建筑；淮海中路东段除淮海公园、东风中学、尚贤坊等保护保留地块以外，南北两侧整街坊拆迁重建，建成瑞安广场、柳林大厦、上海广场、香港广场、力宝广场、大上海时代广场、金钟广场、兰生大厦、中环广场等 14 栋现代化大型商业商务楼宇。2003 年，香港新世界大厦落成，标志着淮海中路全线大规模重建改造基本结束。其间，共建设项目 51 个，建筑总面积129.1 万平方米，商业商务设施大面积扩展，新增商业商务面积 81.5 万平方米，街区面貌发生巨大变化，商业商务设施得到大幅度的拓展和提升，全街区新增商业商务设施面积 80 多万平方米。

与此同时，实施大楼和橱窗内光外透，架空线全部入地，地下管线统一纳入管网工程，建成淮海公园公共开放绿地、淮海中路重庆南路绿地和淮海中路茂名路绿地等，淮海中路的市政综合环境更加优越。沿街绿化、花槽、透视橱窗、拱形街灯、个性广告等体现兼收并蓄海派风格，构成国际化、现代化商业街的独特形象，为淮海中路商业业态调整和功能提升奠定了良好的基础，将淮海中路建成具有高雅特色，与上海特大城市地位相称的一流国际性现代化商业街区。

淮海中路商业街的转型发展　链接一

20 世纪 90 年代以来，淮海中路跳出商业街的模式，大力发展国际商务、现代服务业和现代商业，与周边地区的发展形成功能互补的竞争优势。

淮海中路重庆南路以东地区，设有太平洋百货、"无限度"休闲广场等国际品牌专卖商厦、大型百货商厦、专业购物服务中心，汇集众多总部型、领袖级和知识密集型、技术密集型、

◎ 路易威登、卡地亚等一批世界一线品牌的旗舰店、概念店、环球专卖店集群闪亮淮海中路

资金密集型的商务、金融机构和中外餐饮、休闲娱乐场所，拥有各种时尚精品、创意产业的信息发布和展览展示业，成为上海商务商贸发展速度最快、发展层次最高的地区之一。

淮海中路重庆南路以西地区，重点发展国际著名品牌服装服饰销售和各国高档餐饮和休闲娱乐业，形成以淮海中路与茂名路交叉十字为中心，西起陕西南路，东至瑞金二路，北靠长乐路，南到永嘉路的"金十字"休闲商业核心地带。"金十字"充分挖掘海派历史文化底蕴，依托富有特色的经典建筑文化，将国际服饰品牌融于时尚休闲之中，提升现代商业的综合消费能级，体现经典、时尚的风格，是上海综合消费水平最高的地区之一。

淮海中路商业结构调整的重点为高端零售业，其共同特点是：时尚设计——让店铺淡出标准化，首推知名品牌体验店在淮海中路落地。"时尚"在淮海路已经流淌了将近一个世纪，淮海中路商业街的品牌价值在于她不断延续和散发着的具有引领性的文化感染力。

商场里的全国大展

　　1999 年 10 月 16 日，"第九届全国美术作品展览油画作品展"在淮海中路 138 号上海广场开幕，这是卢湾区首次承办全国性的美术作品展览活动，参展作品 472 件。当天，巨幅的会标和凌空的彩球在上海广场外飘扬，从外省市赶来早早等候的百余名学生让现场的气氛更加热烈。明亮宽敞的大厅中是新搭建的主席台，背景上红底白字的展名和金色的会标十分突出。一至三层约 6000 平方米的展厅里陈列了入选的 459 件油画作品和评委们的 13 件作品，共 472 件。提名作品基本陈列在一楼展厅，这个广场中相对独立的空间为大展创造了良好的环境氛围。展览中有一幅作品备受追捧，那就是冷军创作的《五角星》。展出期间主办方不得不每天派专人现场维持观展秩序。

　　艺术展览进入商场等公共空间，逐渐成为一种流行趋势和常态。2013 年 5 月，上海 K11 购物艺术中心在淮海路开业。商场部设画廊、展厅等专业艺术空间，可举办各类艺术活动，同时在每层楼面设置雕像、装置、油画等艺术品，与商业零售业共同组成游览空间。商场地下 2 层先后举办"印象派大师·莫奈特展""跨界大师·鬼才达利"超现实艺术大展等艺术展览，受到欢迎和追捧。

　　在商场里举办艺术展览，打造多维的艺术欣赏与交流，将艺术、商业、文化相融合，打造互动艺术空间。百年淮海路积极拥抱艺术，依然散发着高雅浪漫气质。

◎ 第九届全国美术作品展纪念封

1992 年 9 月 14 日，人民广场综合改造工程正式启动。人民广场的前身是英租界跑马厅。上海解放后，跑马厅被收回，辟建人民广场。1955 年 1 月，一条长 560 米，宽 22.86 米的人民大道建成通车，人民大道与黄陂北路、武胜路、西藏中路合围成一个面积 9.3 万平方米的椭圆形广场，即人民广场。建成后的人民广场，长期以来一直是上海市民的群众性政治活动中心。

20 世纪 80 年代末、90 年代初，上海城区开始经历大改造。地铁人民广场站、地下商城、地下车库和地下变电站相继开工。1991 年上海博物馆率先破土，1992 年 9 月 14 日，人民广场综合改造工程正式启动，1993 年底人民广场地区绿化工程开始建设，1994 年 1 月人民大道全面改建，同年，上海大剧院、上海人民大厦动工兴建，1998 年上海城市规划展示馆动工兴建。

1994 年 9 月 21 日，以音乐喷泉射出的第一束水箭为标志，人民大道与广场地区绿化改造工程竣工。改建后的人民广场，由原来的以集会、游行为主要功能的硬地场地，改为绿化为主的城市园林广场。中央广场面积 3800 平方米，正中为喷水池，池底地坪为彩色花岗石镶拼成的上海版图，伴随着音乐，喷水池射出一股股水柱。500 多盏采用新光源的路灯、庭院灯、草坪灯交相映射，使广场夜景尤为瑰丽。

伴随着上海博物馆、上海大剧院、上海人民大厦和上海城市规划规示馆的相继落成，以及地铁一号线人民广场站、地下商业街、亚洲最大的地下变电站、上海最大的地下停车库等地下工程陆续竣工，以上海博物馆、上海人民大厦为中轴线的人民广场、人民公园，会同新建的与原来的诸如上海美术馆、大光明电影院、国际饭店、新世界商场、中百一店、和平电影院、天蟾舞台、大世界、上海音乐厅和广场公园，组成了如今融行政、文化、生态、交通、商业为一体的活动中心，成为上海城市文明的象征。

新馆 上海博物馆

链接一

上海博物馆建于 1952 年，建馆初期，馆舍在原跑马总会大厦（今南京西路 325 号），1959 年迁至河南南路，1993 年建造新馆，由上海市政府主要投资并接受海外众多爱好者资金捐助。1996 年，上海博物馆新馆在人民广场中轴线南端落成。上海博

◎ 上海博物馆

物馆新馆与附近的上海大剧院和上海音乐厅等共同构成上海市文化设施的密集区。整个建筑体现了中国古人天圆地方的宇宙观，下半部为正方形，上半部为圆形，顶部有四个拱形立耳，是中国古代文明的重要代表，上海博物馆最具特色的馆藏——青铜器的象征。入夜，四周的地灯照射在建筑体上，使整个建筑披上一层温煦的暖光。

上海博物馆定位中国古代艺术博物馆，馆藏文物 100 余万件，其中珍贵文物 14 万件，尤以青铜器、绘画、书法、陶瓷最享盛名。全馆设有青铜馆、绘画馆、陶瓷馆、书法馆、雕塑馆、玉器馆、钱币馆、家具馆、玺印馆、少数民族工艺馆等十个陈列场馆，还有三个展示厅，用于举办各类特别展览。

上海博物馆建成开放以来，在做好常设陈列的同时，还致力于积极策划和引进多种多样的专题展览。大致可分为"世界古文明系列""我国边远省份和文物大省文物珍品系列""具有重大文化意义的中外文物艺术大展系列"等，满足了不同观众的欣赏需求。上海博物馆多次应邀赴海外进行藏品展览，传播中华古代文明，促进了各国、各地区人民对中国历史和中国文化的深入了解和友好往来。

上海大剧院坐落于上海市人民广场。剧院从 1994 年 9 月开始兴建，到 1998 年 8 月完工。总投资 12 亿人民币，占地面积 21000 平方米，总建筑面积 64000 平方米，由法国夏邦杰建筑设计公司设计，建筑风格独特，造型优美，内设大、中、小三个剧场，采用世界著名专业公司的顶级音响灯光设备，舞台总面积 1700 平方米，由主舞台、后舞台和左右侧台组成，是当时世界上面积最大、设施最好、功能最多的全自动机械舞台之一。

作为国内建成的首家国际性高等级综合剧院，上海大剧院自 1998 年 8 月 27 日正式开幕以来迎来了无数世界级表演团体和海内外众多的艺术名家。从帕瓦罗蒂、多明戈、卡雷拉斯三大男高音的国内唯一大满贯，到四大欧洲歌剧流派的悉数登场，更有维也纳爱乐乐团、柏林爱乐乐团、英国皇家歌剧院、巴黎国家歌剧院、莫斯科大剧院、马林斯基剧院、斯卡拉歌剧院等国际一流艺术院团及众多海内外知名的艺术家在这个舞台上为上海观众带来了无数个难忘瞬间。

◎ 上海大剧院

上海大剧院以"一流的艺术作品，一流的艺术体验，一流的艺术教育"为宗旨，秉承"国际性、艺术性、经典性"的品牌定位，坚持"名家、名团、名作"的节目特色，通过不断引入具有艺术影响力和市场影响力的国际性的演艺产品，增添整个城市文化发展的国际化程度，成为世界级艺术作品的展示平台、国际性艺术活动的交流平台和公益性艺术教育的推广平台。

链接三　上海城市规划展示馆

上海城市规划展示馆以独特的姿彩耸立在人民广场东首，集中展示了上海城市建设的变迁情况，让观众在一天之内阅尽上海城市的前世今生，同时展望上海的未来。

上海城市规划展示馆 1998 年 4 月动工兴建，1999 年 8 月竣工。展示馆占地面积 3600 平方米，建筑面积 18390 平方米，建筑高度 43.3 米，从底层大厅至四层展厅可供展示的面积为 7000 平方米。建筑外观通体白色，外观线条流畅，雄伟典雅，富有海派风情。展示

◎ 上海城市规划展示馆

馆通过详尽而权威的资料和信息，运用图片、模型、触摸屏、多媒体演示等多种手段，充分展示了上海城市发展的"昨天、今天和明天"，被人们誉为上海的"城市之窗"。展示馆的主题词是"城市、人、环境、发展"，既有纵向的历史脉络展示，又有当前人们关注的热点规划，还有各大城市发展的横向比较和展示。大量采用的高科技展示手段，不仅极具专业性、知识性，而且充满趣味性、艺术性和体验性。通过与展品互动，无论是上海市民还是国内外游客都可以从中了解上海城市规划建设的发展脉络。

为了让现代的上海人更深刻地认识过去的"上海滩"，展示馆在地下一层修筑了一条短而精彩的 20 世纪 30 年代上海老街，这里有典型的各式中、西建筑，有菜馆、老虎灶、咖啡馆、绸缎庄等，在这条街上走走，仿佛置身于半个世纪前老上海的城区之中。

38 花开重庆万州

1992年，国务院发出了《关于开展对三峡工程库区移民工作对口支援的通知》，举国上下积极响应，上海市也积极行动。1993年起，卢湾区政府对三峡库区重庆市万州区五桥移民开发区开展对口支援工作，根据区实际情况，区政府每年安排一定数量的援助资金和支援项目，完成上海市委市政府下达的各项对口支援三峡库区移民工作的任务，援助经济合作和社会事业项目，无偿援助资金，培训医务人员，培训中、小学教师，捐赠科技书籍和医疗器材，接收库区干部挂职，支援三峡挂职干部，安置库区劳动力来沪就业等。

万州上海中学前身是鱼泉私立学校，原校属三峡工程126米水位二期移民搬迁学校。因三峡移民工程，万州上海中学整体搬迁到百安坝上海大道298号，更名为"重庆市万州上海中学"。从1997年开始，万州上海中学得到了卢湾区人民的倾情关怀，上海市人民政府与卢湾区人民政府援助学校建起了办公楼、教学楼、学生食堂、塑胶运动场、科技楼、学生公寓、多媒体教室等主体建筑，赠送了大量电脑、图书和校服。2009年7月开始，卢湾高级中学与万州上海中学"结对子"，实施人才交流。对口支援由相对单一的以财力支持为主体的硬件建设拓展为以师资培训、理念提升为主体的软件建设，对口支援内涵不断丰富。

沪万情谊长久远，对口支援谱新篇。对口支援工作坚持"输血"和"造血"相结合，聚焦教育扶贫、人才扶贫，帮助对口支援地区增强自我发展能力，助其脱贫致富。

精准扶贫，百企结百村 链接一

2018年9月27日，黄浦区东西部扶贫协作和对口支援工作推进会暨"百企结百村"精准扶贫动员会召开。会上，金外滩集团、淮海集团、上海吉晨卫生后勤服务管理有限公司代表企业分别与深度贫困村代表景谷县凤山镇文海村、江城县嘉禾乡江西村、孟连县富岩镇芒冒村签订了《"百企结百村"精准扶贫行动帮扶协议书》。南京东路街道与景谷县凤山镇，瑞金二路街道与江城县嘉禾乡，打浦桥街道与孟连县富岩镇签订了《携手奔小康协议书》。

黄浦区对口支援云南省普洱市澜沧、孟连、江城、西盟和景谷等5个县，以及

◎ 黄浦区2018年东西部扶贫协作和对口支援工作推进会暨"百企结百村"精准扶贫动员会

青海省果洛州玛多县，还承担着对口支援三峡库区重庆市万州区的移民安稳致富任务。黄浦区以精准扶贫、精准脱贫为目标，全面深化各项扶贫工作，重点从农村建设、产业发展、劳务协作、社会事业和人力资源培训等方面助推当地脱贫攻坚，在加强"输血"的同时，不断转变扶贫协作工作的理念，更注重"造血"的重要性。本着"扶贫先扶智、扶贫先扶志"，黄浦区委组织部、区委党校、区教育局、区卫计委等多个部门细心筹备、精心组织、热情接待，将贫困地区干部当作自己的干部一样对待，从课堂教学、实地见习到生活保障，不畏艰苦赴高原送医送教，倾情支持贫困地区脱贫攻坚，加强两地之间的交流，既拓宽对口地区干部视野，提升综合素质，从中也学到边远地区干部群众艰苦奋斗的精神。

播撒大爱 『黄河之源』 链接二

2018年4月19日，为期一周的"天上玛多"非物质文化遗产展演系列活动在上海大世界拉开序幕。活动通过绝美风情"天上玛多"摄影展、文化秘境玛多非遗产品展示、英雄史诗《格萨尔王传》演出等形式，展现玛多当地风土人情与历史故事。

　　玛多县地处青海省果洛藏族自治州西北部，是中华民族母亲河——黄河的发源地，是中国格萨尔文化的发祥地之一，素有"黄河之源""千湖之县""中华水塔"的美誉。2010年1月，中央召开第五次西藏工作座谈会，确定上海对口支援青海省果洛藏族自治州。果洛州玛多县成为黄浦区重要对口支援地区之一。

　　自此，按照青海、上海两地开展东西部扶贫协作的要求，黄浦区以玛多县的实际需求为基础，以改善基层群众的生活条件为出发点，援建项目资金坚持"80%向基层倾斜，80%向民生倾斜"，把有限的资金重点放在改善当地各族群众基本生活条件、提高公共服务能力等方面，项目涉及新农村建设、产业发展、社会事业、人力资源培训等多个领域。在援青干部牵线搭桥下，巩固形成了政府、企业、社会等多层次的广泛互动，有力推动两地合作交流，进一步加深了两地人民之间的感情。

◎ 2018年4月19日至24日，"天上玛多"非物质文化遗产展演周在大世界举行

39 中华文化第一街

1993 年 6 月，黄浦区政府成立福州路文化街规划办公室，1994 年 1 月出台《福州路文化街建设初步规划》。规划明确福州路文化街的范围东起河南中路、西止西藏中路；规划要求改造后的这一路段要成为集出版发行、文化娱乐、文化购物、文化游览为一体，具有海派特色的文化街。1994 年 4 月，《福州路文化街建设初步规划实施方案》经市政府批准，福州路文化街建设正式启动。

福州路文化街有着百余年的历史积淀。各类图书、文化用品、现代办公用品商店和文化设施，主要集中在全长 1.3 公里的河南中路至西藏中路段。新旧图书、文具、笔墨、纸张、账册、绘图仪器、报表及文教用品在这条文化街上应有尽有。1994 年，天蟾京剧中心逸夫舞台改建落成。1995 年，建成专业性、多功能的大型文化商厦，福州路文化街增添了更加浓郁的文化气息。1998 年，建成上海市最大的综合性书店——上海书城。1999 年被市商委命名为上海市十大专业特色街之一。2002 年，黄浦区政府把福州路文化街的功能定位在东部文化商务区，中部文化购物区，西部文化休闲区，并以"四城"即以上海书城、音像制品销售中心的音像城、文化商厦为旗舰的办公文具城，以及动漫画产业链为主线的动漫画城，构筑福州路新的业态和产业结构。2006 年 3 月，中福古玩城正式开门迎客，海内外二百多家古玩商家云集古玩城，为福州路文化街增添了新亮点。

如今的福州路文化街集中了上海最大的综合性书城、外文书店、古籍书店、艺术书坊、大型文化商厦、供应各类文化用品的专业商店、电脑市场、文化用品市场、图书馆、剧场、画廊以及杏花楼、老正兴、老半斋、王宝和、吴宫大酒店等餐饮名家、服务企业，为逛文化街的消费者提供综合性服务。经过近一个世纪的发展，福州路成为名副其实的"中华文化第一街"。

链接一

文庙旧书集市

20 世纪 80 年代，文庙大成殿前的一块空地上，自发形成了一个二手书交易集市。起初每逢春节、元宵节、暑假和国庆节举办 1 次，后来发展至一周一次。每逢集市开张，大成殿前人头攒动，热闹非凡。1993 年，市场定名为"文庙旧书集市"，并规定每周日开放一次，从早上 7 点开放至下午 4 点，由社会文化管理所、公安、

◎ 文庙旧书集市

工商等相关部门组成联合检查组，负责管理市场。

　　旧书摊上除了摆满各时期的旧书以外，还有各种老期刊画册、旧报纸、连环画、影剧说明书、老商标、老股票、旧契约、旧明信片、旧照片、旧书信、砚台、毛笔、印章、宣纸、扇子，等等，到此淘宝的不仅有读书人和收藏者，还有文化名人。

　　1997 年起，南市区政府拨款对文庙进行全面修缮开发，同时对旧书集市也添置设备，将原露天集市，改为能够遮阳避雨的集市。购置能装能卸的大型篷帐 40 顶，更新交易台 80 只。硬件的更新，给文庙旧书集市"披上盛装"，扩大了文庙旧书集市的知名度。2000 年前后，市场规模达到最大，旧书摊位超过 250 个，客流量达八九千人，发展成为上海乃至华东地区最重要的旧书交易集散中心。

　　近年来文庙旧书集市规模有所缩小，但每逢星期天交易的传统始终没有改变。"为读者找书，为书找读者"的文庙旧书集市，依然是爱书人、淘书人心中的宝地。

◎ 福佑路上的古玩地摊市场

藏宝楼工艺品市场

链接二

　　20 世纪 70 年代末，一些古玩旧物商贩在福佑路上摆摊，经营瓷器、铜器、漆器、紫砂壶等，吸引古玩爱好者来此淘旧觅宝，形成上海最古老的古玩市场之一——福佑路工艺品市场。鼎盛时有近千个地摊，影响逐步扩大。

　　1997 年，位于方浜中路上的沪南电表厂在划归豫园集团后，六层厂房改建成仿明清建筑的多层楼房，取名藏宝楼，福佑路工艺品市场引入室内，其中一楼、二楼面积约 2100 平方米，设固定摊位 400 个，三楼、四楼设地摊式摊位。每逢周六、周日及节假日，上海市和外地商贩清晨即在此等候开门，领取临时设摊凭证，进场设摊交易，销售各种古玩摆设、新旧字画、陶器玉器、竹木雕刻、文房四宝、古代钱币以及老式钟表、风扇、地图等物件。每天来此浏览、淘旧货的客流上万人，双休日达二三万人。

　　藏宝楼开业后影响日增，吸引沪上众多的中外收藏爱好者，中外报刊也多次予以报道。

上海的『琉璃厂』——
东台路旧工艺品特色街

1985 年 5 月，位于卢湾区东北部浏河口路的东台路上建立起浏河路花鸟工艺品市场。市场全长 258 米，场地面积 1720 平方米。开始时，尚属浏河路综合市场，经营服装小百货和组织季节性花卉、蟋蟀交易。1988 年 10 月起专营工艺品，成为上海市文物管理委员会批准的上海第一个属监管的旧工艺品市场。市场许可经营民国元年（1912 年）以后国内外制作、生产的陶瓷器、金银器、铜器及其他金属器、玉石器、漆器、玻璃器皿、各种质料的雕刻品、雕塑品、家具、书画、碑帖、碑拓、图书、文献资料、织绣、邮票、货币、工艺美术品等文物监管范围内的旧工艺品。1989 年，卢湾区工商局投资 30 万元，在东台路两侧建起全封闭式、有防盗装置系统的塑料营业房，作为工艺品摊位，市场扩建至 2500 平方米。初有摊位 50 余家，摊主多为知青和其他社会人员等，货源多为从居民家中或是外地淘来的旧货和古董。后市场逐步沿东台路越过自忠路向南延伸，摊位最多时达 200 余家，经

◎ 东台路古玩市场

营内容也由旧货和古董转变成工艺品和做旧的古玩。著名书画家刘旦宅为市场题写"东台路古玩市场"楼匾。由于规范化管理，市场经济效益显著，市场 1993—1995 年获得"全国文明市场"称号。2000 年 4 月，被上海市商业委员会评为上海首批商业专业特色街。

　　东台路古玩市场吸引了众多古玩工艺品爱好者和外国游客，成为远近闻名的上海文化地标。2015 年，因旧区改造而关闭。

40 外滩交通综合改造工程胜利竣工

1993 年 12 月 25 日，外滩交通综合改造工程胜利竣工。

百年看上海，上海看外滩。外滩曾是近代上海的政治、金融、商务和文化中心，集中了世界各国各种风格的建筑，有"万国建筑博览"之称。但进入 20 世纪 90 年代，随着上海的飞速发展，百年外滩已无法满足交通、防汛等实际需要。

20 世纪 90 年代初，上海市政府决定在外滩地区实施道路交通、防汛墙综合改造工程。1991 年 12 月 27 日，黄菊市长、倪天增副市长主持召开会议，研究外滩交通综合改造工程实施方案。黄菊市长在会上神情庄重地说：小平同志要求上海一年一个样。外滩是上海的象征，必须像其他依江而筑的国际都市一样，建成著名的游览胜地，到达 90 年代世界一流水平，体现上海朝气蓬勃改革开放的精神风貌。

1992 年 2 月 10 日凌晨，春节刚过，外滩已经揭开了"决战"的态势，上海市政一公司、上海隧道公司的几台打桩机分别在外滩北京东路、南京东路和福州路三个路口打下了人行地道混凝土板桩，工程全面开工。外滩综合改造工程分两期实施，一期工程施工范围北起北京东路南至延安东路，二期工程施工范围北起延安东路南至董家渡路，工程由外滩防汛墙外移、外滩地区道路拓宽改建和外滩地区绿化景点三部分组成。1993 年 11 月，外滩综合改造二期工程胜利竣工。

新建成的外滩显得极为雄伟、壮观。经过改造后的外滩防汛墙自北京东路至新开河，全长 1356 米的岸线分别外移 6—49 米，防汛墙由原来的 5.8 米提高到 6.9 米，防汛能力由"百年一遇"提高到"千年一遇"的标准。道路拓宽工程从北京东路到董家渡路，全长 3686 米的路面，由原来的十几米分别拓宽至 6 到 10 条快车道。还建造了两座人行立交桥、四条人行地道。外滩滨江绿化带设置上海人民英雄纪念塔、陈毅广场、"时代步伐"喷水池及大型艺术壁雕画廊等新景点和游憩场所。一个集水陆交通、旅游观光、防汛能力为一体的崭新的外滩展现在上海市民面前。

亮相　新外滩华丽 链接一

为完善路网、重塑外滩、迎接世博会的召开，2007 年 4 月，上海市政府决定对外滩地区实施综合改造工程。综合改造工程主要包含外滩隧道、新建路隧道、人民路隧道，以及外滩滨水区改造等建设项目。2010 年 3 月 28 日，历时近 3 年的外滩综合改造工程竣工，上海外滩重新开放。

外滩地区综合改造工程自 2007 年 8 月 18 日正式开工。2008 年 2 月至 6 月，拆除了延安高架外滩下匝道；2008 年 3 月到 2009 年 4 月，成功对外白渡桥实施了整体搬移、修缮、复位等工作；2009 年 1 月，外滩通道 14.27 米的超大直径土压平衡盾构安全出洞；6 月，盾构安全穿越营运中的地铁二号线；8 月，盾构成功进洞，实现外滩通道盾构段结构贯通；11 月 4 日，外滩通道安全跨越营运中的延安东路隧道，标志着外滩交通改造工程"心脏搭桥"手术完美"收刀"；2009 年 10 月至 11 月，吴淞路闸桥全线封交，并顺利拆除全部桥面。

外滩改造的核心工程是在外滩地下建设一条双层 6 车道快速通道，将外滩地面原先 11 车道缩为 4 车道，把外滩从繁忙的交通功能中解脱出来，省出更多空间充分发挥外滩金融中心、旅游地标、休闲空间的功能，还上海市民和中外游客一个江景旖旎、水清岸绿、万国建筑环抱、浦江两岸尽览的新外滩。除了外滩地下通道之外，外滩综合改造还囊括了外滩滨水区改造、防汛截渗墙改造、排水系统改造、地下空间开发、外滩公交枢纽等多个项目。在改造的过程中，本着规划统领、建设同步、避免反复的原则进行系统化施工，并且郑重承诺"所有开挖工程一次性完成，外滩

◎ 改建后的外滩江岸风景

工程竣工后规划 50 年不变"。

2010 年 3 月 28 日，新外滩华丽亮相。新外滩通过分流过境交通和到发交通，以提高外滩地区交通功能，改善交通组织，以便让行人回归地面。外滩改造后，公共活动空间增加 40%，实现还路、还绿、还景于民，极大地提高了外滩的休闲、娱乐功能。

缝合南外滩的中山南路地下通道 链接二

2013 年 12 月 27 日，中山南路地下通道工程正式启动。该工程北起复兴东路，南至会馆码头街，全长 1242 米，是南外滩滨水区综合开发的重要组成部分。

长期以来，一条宽阔的中山南路割裂了南外滩滨水区与腹地间的联系，也限制了南外滩滨水区本身功能的拓展和延伸。中山南路地下通道工程正是"缝合"了沿江与腹地的割裂。2010 年 11 月 2 日，外滩投资开发集团与申江集团签订《南外滩滨水区

◎ 中山南路地下通道施工中

外滩交通综合改造工程胜利竣工　**171**

综合开发合作协议》，启动南外滩从十六铺到南浦大桥的滨水区基础设施综合改造工程。双方合资组建"上海外滩滨江综合开发有限公司"，实施对南外滩滨水区基础设施的建设，并开展房地产项目建设与运营管理。

中山南路地下通道工程是其中的一项重要工程，工程主要建设内容包括地下通道、地下空间开发及地面道路等。其中地下通道段位于地下二层，向北过复兴东路与外滩隧道相连，向南过董家渡路接南浦大桥中山南路匝道，全长 0.95 公里。地下空间开发段位于地下一层，北起新码头街，南至公义码头街，全长 0.38 公里。

2018 年 9 月 30 日，中山南路地下通道工程正式通车。地下通道建成后，该区域的地面空间和地下空间形成功能互补。地下道路分流了一部分车行交通，释放出可供市民游憩、休闲、观光之用的地面空间，使南外滩滨江地带真正实现还路于民、还绿于民、还景于民，地面上也相应形成北外滩—老外滩—南外滩一线贯通的公共空间。

41 火树银花的豫园灯会

1995 年 2 月 5 日，"豫园新春元宵灯会"重新举办。豫园灯会历史悠久，可以追溯到 19 世纪末。100 多年来，灯会时停时续，时盛时衰。直到 1995 年上海豫园旅游商城股份有限公司搭建了灯会筹备班子，配备专职人员，每年农历正月初一至十八，在具有明清两代江南园林建筑风格的豫园商城举行，后更名为"豫园新春民俗艺术灯会"，迄今已成功举办了 24 届，2010 年被列入国家级非物质文化遗产项目，成为展示中华民族优秀文化遗产、展演优秀民俗民风的盛会。

创意策划是灯会的灵魂。豫园灯会以传统灯展结合现代科技理念，利用九曲桥的九曲长龙形状和特有水面条件，以湖心亭与东方明珠遥相呼应为背景，创作了许多形象生动、市民喜闻乐见的大型主题灯彩，演绎中华传统文化和灯文化，并配置具有浓郁民族特色的文化活动，与传统的春节融为一体，别具一格，展现上海七百年城市历史文化发展的新旧对照，寄托新年的吉祥祝福。

豫园灯会有三大特点：一是以"生肖"为主题；二是设置富有故事性的大型组合；三是融入现代技术与传统工艺，运用多媒体技术，展现神奇的光影新体验。

每年灯会期间，游客量非常大，元宵节当天约有 35 万人次（最高峰的一次竟高达 70 余万人次），豫园新春灯会已成上海乃至华东地区新春佳节人流最大的地方，受到了广大上海市民和国内外游客的交口称赞，享有非常高的声誉。

中国民俗的活态展览馆

链接一

秉承悠久历史传统的豫园，全年都可称得上是中国民俗的活态展览馆。概括而言为："三会""九节"。"三会"，即豫园新春民俗灯会、豫园春季民俗庙会、豫园秋季民俗庙会；"九节"，即 3 月豫园美食节、4 月豫园茶文化节、5 月上海手工艺人节、6 月豫园端午文化节、7—8 月豫园民俗文化节、9 月豫园中秋文化节、10 月豫园礼文化节、11 月豫园哒蟹节、12 月童涵春堂膏方节。

正月十五闹元宵是中国历史悠久的全民狂欢节。老城厢一带很早就保留着赏花灯、闹元宵的传统。3 月下旬至 5 月上旬豫园春季民俗庙会可是热闹非凡，民间文艺演出轮番上场，各地风味小吃汇集，老城厢的民风民俗让人穿越时空。豫园美食节至少会推出一百多种各地经典、新潮美食。4 月新茶刚上市，豫园茶文化节上喝喝新

◎ 2014年11月2—16日，豫园中国日（节）·面面俱到·2014中华面食文化节在豫园旅游商城中心广场热闹举行

茶，听听评弹，"小泉石冷留早味，紫泥新品泛春华"。5月上海手工艺人节，展现老上海传承已久的精彩手工艺品。6月豫园端午文化节，挂个香袋，吃几个粽子，用最传统的形式过个原汁原味的端午节。7至8月仲夏，豫园秋季民俗庙会上，少数民族风情表演夺人眼球，感染着在场的游客。9月豫园中秋文化节、10月豫园礼文化节，年年隆重举行。11月豫园赏菊、啖蟹节上"秋风起，蟹脚痒"，来自阳澄湖的清水大闸蟹，供美食家们饱啖。12月豫园人参膏方节，百年老店童涵春堂请来名医坐堂号脉开方，推出滋补膏方，为健康加油。

到『孔子家』上学

链接二

2018年4月21日上午，数十名青少年来到位于黄浦区老城厢的文庙，参加了一场特别的浸入式国学文化课。小朋友们玩的一个印章上写道：到孔子家上学帅呆了！

这是由黄浦区老西门街道党工委、办事处，黄浦区新闻中心，黄浦区社区学院，黄浦区青少年艺术活动中心等单位共同举办的社

◎ 到"孔子家"上学

区国学文化体验活动。通过再现一系列国学故事场景，用沉浸式实景活动的方式，把传统文化中有教无类、因材施教、诗书礼乐教育、中华礼仪、学习方法、孝顺父母、为人处世等内容融入到现场活动中，形象生动，直观有趣。

沉浸于文庙的一砖一瓦、一亭一阁，通过上一堂国学课，将经典国学诵读和国学短剧相配合，展示《三字经》《论语》《弟子规》等众多国学经典场景，让小朋友们体验国学真谛，在渗透式体验学习中了解国学知识，热爱传统文化。通过学习做一次非遗手工，请非遗传承人介绍老上海特色非遗的起源与发展，传神的面塑、弄堂风筝等老城厢风味十足的非遗项目让同学们大开眼界。此外，昆曲、古琴、茶道、书法、绘画等传统文化的展示，吸引和凝聚区域内的社区居民、社区单位、楼宇白领、学生和家长，共同感受中华民族传统文化的魅力，以国学文化涵养社区文化。

"到'孔子家'上学"项目已被评为上海市"市民修身行动"特色项目，并入选黄浦区"筑梦新时代　黄浦新征程"主题活动。

42 南北高架竣工通车

1995 年 12 月 10 日，上海市市政重大工程南北高架工程竣工通车。

南北高架工程于 1993 年 10 月 25 日正式开工。该工程南起中山南路（鲁班路），北迄洛川路（共和新路），全长 8.45 公里。地面道路宽 50 米，部分路幅 60～70 米，设"6 快 2 慢" 8 车道，道路中央及快慢车道之间各设 6 米和 3 米宽的绿化隔离带，高架道路宽 25.5 米，设双向 6 个车道。工程总投资 59 亿元。

南北高架黄浦区段（含原卢湾区）南起中山南一路，北迄苏州河，全长 6.1 公里。在黄浦区内建延安路和中山南路两个大型互通式车行立交桥，以及威海路、北京西路、新闸路、淮海中路、徐家汇路共五对上下匝道，在苏州河上建造连接闸北区段，全长 127 米、宽 46 米跨河桥梁。

黄浦区主要承担高架沿线南起中山南一路北至南苏州路全长 6.1 公里红线范围内动拆迁工作。原黄浦区段动迁工作从 1993 年 3 月启动，动迁居民克服种种困难，自行过渡一年左右，实际仅用 3 个月的时间就将沿线拆迁范围内 2808 户居民（含个体户 116 户）、189 个单位全部搬迁。拆除居民建筑面积 77837.57 平方米，拆除单位面积 50392.87 平方米。刚建成不久的黄浦区图书馆也以爆破形式拆除。原卢湾区段动拆迁工作于 1993 年 9 月开始。卢湾区工程指挥部先后组织 4 次对牢固建筑实施定向爆破，对新落成不久的卢湾区政府 3 号楼（区档案馆等办公楼）也以定向爆破形式拆除。1994 年 1 月 20 日，完成全部动拆迁工作，历时 123 天。卢湾区段共动迁居民 5053 户，动迁单位 285 家，拆除建筑 28.34 万平方米。

全线通车　延安高架路　链接一

　　1999 年 9 月 15 日，延安高架路全线通车。延安高架路总长 14.82 公里，西起虹桥国际机场，东迄延安东路外滩，横跨黄浦、卢湾、静安、长宁四区。路宽 26 米，6 车道，设计时速 80 公里，全线 12 对上下匝道。总工程分三段实施，西段从虹桥国际机场至中山西路，1996 年 12 月 2 日建成；东段从延安东路外滩至瑞金一路，1997 年 11 月 28 日建成；中段从中山西路至瑞金一路，1999 年 9 月 15 日建成，延安高架路全线通车。

　　延安高架路黄浦区段（含原卢湾区）东起延安东路外滩，西至陕西南路，沿

◎ 1999年9月15日，延安高架路中段工程建成通车仪式

线在四川路、江西路、福建路、西藏路、石门一路、茂名南路等处设匝道同地面道路相连，并在中山东路、山东路、福建路、西藏路、南北高架路、石门一路、陕西南路建造7座人行天桥。原黄浦区承担从延安东路外滩至成都路沿线动拆迁任务，沿线拆迁范围含17幅地块，2809户居民、282个企事业单位和84户个体户。1996年将该任务列为区头号工程，成立以区长为组长的领导小组，从1996年7月底开始启动，投入资金8.9亿元，用不到2个月的时间就完成全部动迁任务，在1996年10月底前向市工程指挥部移交全部拆平地块。延安高架路卢湾区段总长1036米，为卢湾区与静安区的分界路。1998年4月6日动迁工作启动，仅用45天时间，于5月21日完成卢湾区境内661户居民和52家企事业单位的动迁任务。6月18日，卢湾区段完成拆除建筑和场地平整，向市工程指挥部交地施工。

◎ 拓宽后的徐家汇路

徐家汇路拓宽工程

1995 年 9 月 19 日，徐家汇路拓宽工程竣工。徐家汇路东起肇周路，与陆家浜路相接；西迄瑞金南路，与肇嘉浜路相接，全长 1706 米，是一条贯通东西的交通主干道。原为灌浇沥青路面，1981 年摊铺沥青混凝土路面，双车道，机非混流。进入 90 年代后，车流量猛增，经常发生堵塞。

1994 年，卢湾区自筹 4 亿多元资金组织实施徐家汇路拓宽工程，成为上海第一个由区政府自筹资金动迁和组织施工的道路拓宽改造项目。9 月 2 日动迁开始，仅用 58 天，动迁居民 2050 户、单位 90 家，拆除各类房屋 5.6 万平方米。11 月 17 日开工，施工单位为上海卢湾市政工程有限公司。因交通流量大，故采用半边施工、半边行车的"翻交"措施，确保东西干道畅通。工程于 1995 年 9 月 19 日竣工。改建后的徐家汇路，路幅宽 49—78 米，其中车行道宽 29—61 米。与原来的斜徐路辟并为一条中央分隔、"机非"分流、双向 6 快 2 慢的主干道。路中心和"机非"隔离带进行了绿化，全线绿化面积达 12000 平方米。打浦桥建有 L 型钢结构人行天桥一座，跨徐家汇路、瑞金二路。1995 年 10 月 14 日该工程被上海市市政工程管理局评为优良工程；1996 年被授予市政工程金奖。

徐家汇路、重庆南路口因南北高架路建成后交通流量日增，由北匝道下行转入徐家汇路和由徐家汇路转入南北高架的车流量，高峰期呈饱和状态，卢浦大桥建成后交通量更出现跳跃式增加。为此，卢湾区政府决定在徐家汇路建设一条穿行重庆南路的东西向地道（下立交）来疏解交通。2002 年 12 月 10 日开工，2003 年 12 月 1 日竣工投入使用。下立交西起徐家汇路泰康路口，往东穿行徐家汇路重庆南路交叉口，至马当路口。地道分别由南北两条独立双车道组成。南地道全长 425 米，北地道全长 365 米，地道净宽 8 米，净高 4.5 米，有效缓解了徐家汇路、重庆南路口的交通拥堵状况。

链接三　复兴东路拓宽改造工程竣工通车

1997 年 12 月 9 日，复兴东路拓宽改造工程竣工通车。复兴东路东起外马路，西至西藏南路，长 2.2 公里，是贯穿老城厢的交通要道。原道路狭窄，路幅仅 7—12 米，道路两侧 80% 以上是二级以下旧式里弄和棚户，是上海市急需改造的主要区域。1997 年，上海市政府将其列为实事工程，上海市、南市区两级政府共同投资 15 亿元，其中南市区政府自筹资金 12 亿元，全面展开了拓宽改造工程。

道路拓宽改造工程自 1996 年 3 月开始动迁，搬迁居民 5690 户，单位 282 家，拆除旧房 164907 平方米。1996 年 7 月 16 日，道路施工全面展开，共铺设地下下水道 5486 米，各类管线 19565 米（电力 21 孔 3875 米，上水 5620 米，煤气 5709 米，市话 24 孔 4362 米）。沿线植树绿化 30461 平方米。1997 年

◎ 复兴东路拓宽后

12月9日全面竣工通车，拓宽后的路幅宽35—55米，车行道面积64248平方米，人行道面积17413平方米，并建复兴排水系统泵站一座。复兴东路拓宽改造工程改善了南市区及上海市区拥挤的交通状况，提高了周边地区市政配套及防汛能力，而且带动了沿线地块的开发，推进了道路两侧的旧区改造。

1995 年 12 月 30 日，浦西地区单体建筑面积最大的商厦——上海新世界城竣工。

新世界城原为新世界商场，由黄浦区自筹资金 12 亿元，耗时两年半时间建成。后经改造，总建筑面积达 20 多万平方米，是一座集购物、娱乐、宾馆、餐饮、休闲于一体的生活 MALL，由新世界购物广场、新世界娱乐广场、新世界丽笙大酒店、新世界美食休闲广场、新世界立体停车场五个板块组成。其中，购物占 35%，主要经营国内外知名品牌；宾馆占 28%，五星级的新世界丽笙大酒店拥有浦西最高的 45 楼旋转餐厅和上海最高的 47 楼星空酒吧；文化和娱乐占 15%，拥有一批高端的文化娱乐项目，包括全球第 6 家、大陆首家的英国杜莎夫人蜡像馆——上海杜莎夫人蜡像馆（新世界城）、中国首家大型室内游艺场——中日合资新世界 SEGA 游艺广场、上海第一家室内真冰溜冰场——新世界真冰溜冰场、上海目前最精致豪华的电影院之一——新世界上影华威影城和上海最具人气的大众娱乐项目之一——上海歌城；餐饮占 8.5%，主要经营港澳台品牌的时尚餐饮；商务办公及辅助设施占 13.5%。

2019 年 3 月，新世界商城启动开业以来规模最大的改造，文娱餐饮比例大幅提高，以 47% 占据"半壁江山"，商场门面和内涵也统统更新，以应对消费升级和电商冲击。

<table>
<tr><td rowspan="3">杜莎夫人蜡像馆</td><td>链接一</td><td>上海杜莎夫人蜡像馆是继伦敦、阿姆斯特丹、纽约、拉斯维加斯和香港之后，从全球三十多个候选城市中脱颖而出的全球第 6 座杜莎夫人蜡像馆，于 2006 年 5 月 1 日开业。</td></tr>
</table>

上海杜莎夫人蜡像馆是继伦敦、阿姆斯特丹、纽约、拉斯维加斯和香港之后，从全球三十多个候选城市中脱颖而出的全球第 6 座杜莎夫人蜡像馆，于 2006 年 5 月 1 日开业。

杜莎夫人（1761—1850）是法国一位杰出的艺术家，以制作蜡像而闻名，曾为许多法国大革命时期的著名人物制作蜡像。1835 年，杜莎夫人在伦敦贝克街设立了一座永久性的展馆。自开业以来，杜莎夫人蜡像馆吸引了数以百万计的游客。

上海馆内共有百余尊中外名人蜡像。分"上海魅力""历史名人和国家领袖""在幕后""电影""音乐""运动"和"速度"九个主题展区。不仅展出法国革命以来所有重要历史人物，而且还随着时代的变迁，不断推出体现时代特征的新蜡像，包括娱乐界、体育界的明星及政治人物。

◎ 粉丝与蜡像亲密互动

　　参观者除了观赏并且与中外名人留影外，还可以体验与心目中的偶像对歌、拍电影、打篮球等零距离互动，感染明星的魅力风采。通过和历史名人接触，亲历这些名人所处的时代、事件，让人们有一种时光逆转的幻觉。

链接二

上海世贸广场换装

　　2018 年 9 月，位于南京东路 829 号的上海世贸广场重新开业。上海世贸广场位于南京路步行街西端，紧邻地铁人民广场站，2004 年底开业。主体建筑高 333 米，曾经是浦西第一高楼，商场与周边的上海市第一百货商店、东方商厦、新世界城等构成南京路黄金商圈。

　　2017 年 6 月，商场闭店改造，历时一年半，投入逾 3 亿元，特邀知名建筑设计师负责建筑的升级改造。外广场采用巨构门头的设计，一改封闭的原貌，采用通透简约的玻璃幕墙来重构购物中心在城市中轻盈时尚的新形象。特别设计的红色飞天梯，让消费者可极具仪式感地进入商场，与商场内"剧院舞台""剧院观众席""剧院走道""后台"等不同属性空间的整合与划分相呼应，使消费者自然融入"城市歌剧院"的艺术氛围。重新开业的上海世贸广场以 20—35 岁追逐潮流的人士为目标消费群体，汇聚 Nike 全球旗舰店、M&M's World 亚洲唯一旗舰店等国际大牌，网罗西西弗首家旅行主题书店、声音小镇、感光（FEELIGHT）等品牌主题店以及日食记线下首店、Yoho! Blue 系列等网红 IP 国内首店。

◎ 重新开业的世贸广场

1996 年 12 月 26 日，全市第一个区级再就业服务载体——南市百帮服务中心成立，以发展非正规就业劳动组织为主，指导、吸纳、安置下岗失业人员从事社区的便民利民服务和市容环境建设中的公益性劳动，以及家庭手工业、工艺作坊等形式的生产，缓解社会就业矛盾，促进区域经济发展和社会稳定。

20 世纪 90 年代，上海进入经济结构的战略性调整期，许多企业为减轻负担轻装上阵走向市场，纷纷通过减员、分流，把过剩的劳动力推向社会，上海的就业工作受到前所未有的严峻挑战。南市区辖区内纺织、冶金、轻工等行业下放的职工聚集，加重了地区的就业压力。1994 年，南市区被定为上海市实施"再就业工程"试点单位。1996 年，南市区建立了全区性的再就业服务中心——百帮服务中心。第二年，南市百帮服务中心在各街道建立分中心。这是全市第一家非正规就业组织的服务载体，也是区失业、下岗人员的再就业中心和失业、下岗人员二次就业的孵化基地。

南市百帮服务中心建立后，一方面发动社会力量，合理配置劳动力资源；另一方面开发新的就业岗位，根据下岗群体的特点，用自发的形式组织了各种非正规劳动组织，涉及家政服务、家电维修、净菜净水、代购等 20 多个服务项目和 100 多家小企业，采取上门服务、电话预约等形式开展业务。在建立后的第一个五年里，通过发展非正规劳动组织超过 1500 个，帮助约 13000 个下岗失业人员走上"正规"的非正规就业之路，不仅保障了经济改革的顺利进行，还维护了社会的稳定，促进了经济的发展。1998 年，成立了"百帮城市工业中心"，支持有产品、有技术、有销售渠道的下岗职工自发办企业，20 多家工厂创办起来。

1997 年 5 月 25 日、1998 年 5 月 12 日，《文汇报》《解放日报》头版先后作了专题报道，介绍南市区"再就业工程"的情况和百帮服务中心经验。1998 年，在全国召开的再就业工程工作表彰会上，南市百帮服务中心被劳动保障部授予集体一等奖。

生化工厂 业起家的华 依靠知青创 链接一

1982 年 4 月，华生化工厂创办。1979 年前后，大批上山下乡知识青年回沪，就业问题亟待解决。上海市政府规定除顶替退休职工进入"全民单位"（全民所有制企业）外，还要大力发展集体经济，作为安排待业青年就业的

◎ 上海华生化工厂

重要出路。本着由知识青年父母所在单位归口安排的精神，上海各主管局在本系统内腾出部分场地，拿出部分产品，派出少量骨干，组建了一批新的集体企业，称之为"局办新集体"。1982 年，上海市物资局所属化轻总公司，为解决本系统 160 多名返城知识青年就业问题，创办华生化工厂，率领知青，靠 3 口缸、6 根棒、9 个人、2000 元自筹资金，开始了创业历程。

华生厂创办之初，正是国内油漆厂因许多大厂的工业用漆减少而纷纷转产时期，但华生厂领导却看到了上海许多市民自制家具，小木匠、小漆匠蜂拥而起的机会，做起油漆加工业务，当年赢利 102 万元。1984 年，华生厂又一次用敏锐的目光在市场中寻找到机会，趁南方一些城市腰果油大量积压，急需推销的档口，经过 3 个多月的反复试验，查阅上海图书馆所有有关资料，终于研制成"中国 1 号"腰果油漆，不仅降低了成本，油漆质量反而有所提高。1985 年，华生厂的利润翻番，达到 261 万元。职工增加到 230 人，远远超过了初建公司时上级部门和领导要求的"让 160 名返城知青有饭吃"的梦想。

1988 年，华生厂研制成功"聚氨脂彩色涂料"，产品迅速受到市场追捧。从 1988 年至 1993 年，利税增至 1.6 亿元。产品销往美国、东南亚等地区。华生厂为扩大生产，还制作了 1 万立升的聚脂反应锅，这种锅成为当时的中国之最。

至 20 世纪 90 年代中期，华生化工厂已经是全国最大的涂料企业，也是上海市最大的集体所有制企业之一。"局办新集体"企业为解决众多知识青年就业开辟一条有上海特色的道路，取得良好的效果。

记忆中的『淮国旧』 链接一

1954 年 9 月 27 日，《解放日报》登载一则开业广告，国营上海市贸易信托公司旧货商店将于 1954 年 9 月 29 日开业。这就是后来上海人习惯称作"淮国旧"的商店正式名称。"淮国旧"是当时全国最大的旧货店，曾是 20 世纪 50 年代上海唯一可以经营旧无线电器材的商店，也是上海指定的进出口样品经营和独家处理部队物资的指定商店，对上海的旧货市场有着举足轻重的作用。

"淮国旧"开业时主要是变卖旧政权遗留下来的各类物资和各式查抄罚没物品，为建设新上海筹措资金。1956 年，开辟收购寄售业务。20 世纪六七十年代，市场萧条、物质匮乏，"淮国旧"里的货物却很多，商品种

◎ 淮海贸易信托商场

类齐全，还有不少市面上看不到的外国货。60 年代初，各国共产党参加莫斯科会议的代表途经上海时，很多人都曾到"淮国旧"购物。影视戏剧界为寻觅不同年代的特殊服装、道具，也常来"淮国旧"淘旧货。1963 年，该店职工吴景全参加上海市先进工作者春节宴会时，周恩来、邓颖超夫妇表扬并肯定了"淮国旧"的作用，还与他合影留念。1978 年后，"淮国旧"在开放中大胆引进舶来品，在上海第一家销售录音机，商店的销售额翻了几番。1990 年代初，又在录像机销售上称雄上海。

由于经营结构的变化，商店几易其名。1985 年，"淮国旧"改名"淮海贸易信托商场"。1989 年 12 月，再次改名"上海五星公司"，营业场地由 1000 多平方米，扩展至 2100 平方米，发展成为上海最大的一家综合性的旧货商店。主要经营家用电器、音像设备、钟表眼镜、照相机、工艺品、服装、日用百货、床上用品、各类鞋子等；另辟淮海拍卖行，继续经营旧服装收购寄售业务。

1992 年，南北高架立体交通干道正好穿过"淮国旧"，它几度搬迁，之后虽曾开设 2 家分店，但当年的辉煌已经褪去，失去了原有的味道。

45 全国首家为民排忧解难的区级市民求助中心

1997 年 5 月 30 日，全国首家区级市民求助机构——卢湾区市民求助中心暨社区服务中心正式运转。

1989 年，打浦桥街道建立街道社区服务中心、居委会社区服务分中心，开展"我为人人，人人为我"的居民互助服务活动。此后，社区服务在全区迅速普及。1992 年，卢湾区成立社区服务协调委员会，负责规划、指导、检查全区的社区服务工作。区、街道、居委会三级社区服务网络初步形成。1996 年，卢湾社区服务加快发展，引进电脑新技术。1997 年，市政府信息港办公室、市民政局在卢湾区进行"上海市社区服务网"的前期试点工作，正式确立"一个中心、两大系统、三级网络"的社区服务网络体系。一个中心：即市民求助中心，也是上海市社区服务网的区级信息管理与服务中心；两大系统：即市民求助系统与社区服务系统（包括 100 多只社区服务亭和几十个门类服务业供应网络）；三级网络：即区、街道、部门（居委会或单位），三级网络由电脑联网，做到信息传递快速、准确，解决求助问题与服务及时。

卢湾区市民求助中心（简称"中心"）落成后，以"为民解难、为国分忧"为宗旨，对市民的来电、来信、来访做到"有求必应、有问必答、急事急办、满意为止"，受到居民群众的一致好评。

链接一

便民利民的社区事务一门式服务

1998 年 3 月 13 日，上海第一家社区行政事务受理中心在五里桥街道开业，由街道办事处牵头，会同区政府派驻街道的职能部门联合办公，实行"一门式"服务。五里桥社区行政事务受理中心首次集中了民政、工商、税务、公安、卫生等多个部门，提供"一门式"服务，被市民称为"政务超市"。此后，社区事务受理中心在全市各区县、乡镇遍地开花，办理的事务扩展到从婚姻登记、申报户口、社保卡办理，到医疗报销、廉租房申请、法律援助、再就业指导、居住证办理等，事无巨细，样样俱全。

2000 年，上海市政府把设立社区事务受理中心作为实事项目工程在全市推广。至 2003 年，各街道形成以社区行政事务受理中心、社区服务中心、社区文化活动中心、社区医疗卫生中心、社区信息服务平台为主干的"四中心一平台"综合服务体

◎ 环境整洁优雅的社区事务受理中心

系。社区服务中心各设分中心，同时在各里弄和居住小区建立便民服务站。

　　各街道还建立职业介绍所、婚姻介绍所、老年人活动中心、敬老院等各类机构，在居民区建立活动室、卫生点和健身点，加强为各类对象服务。民政等管理部门也投入专项资金，推动老年活动室等设施的建设。各社会团体积极介入社区服务，在各街道建立法律援助中心、外来妇女援助中心等服务机构。社区志愿者服务队伍不断壮大。

生活大平台　中心搭建美好　社区文化活动　链接二

　　社区文化活动中心是社区文化服务和群众团队活动的平台。20世纪80年代，上海98%的街道乡镇都建有文化站，但随着设施日渐陈旧，文化站门庭冷落。为满足居民基本文化需求，2004年上海开始通过新建、改扩建、置换等方式建设全新的社区文化活动中心。

　　2005年，打浦桥街道租下原上海采矿机械厂老厂房，投资1600万元将其改建成社区文化活动中心，使用面积5600平方米。然而，文化

◎ 2007年8月22日，打浦桥文化活动中心举办打浦书斋——身边的作家文学讲

活动中心提供怎样的文化产品，用传统的方法能否管好、用好？打浦桥街道综合分析"自己管""企业管""承包管"等模式的优劣利弊后，率先引入社会专业机构，实行委托管理的运营模式，即政府出资购买服务，委托具有专业资质的民办非营利机构上海华爱社区服务管理中心具体运作社区文化活动中心。街道党工委、办事处也实现了从"直接组织者"到"指导监督者"的身份转变。

打浦桥社区文化活动中心实践表明，政府通过契约方式，委托社会专业机构承接社区文化活动中心的管理运营，专业水平高，发展活力强，运营成本可控，市民群众满意。

46 茂名坊新式里弄住宅成套改造

1997 年 11 月，卢湾区对茂名坊实施成套改造。茂名南路 169 弄茂名坊，位于茂名南路、瑞金二路、复兴中路、南昌路之间，毗邻繁华的淮海路，其建筑结构、质量较好，是规划保留的居住街坊。房屋建造于 20 世纪 30 年代，由于使用时间较长，基础和结构均在不同程度上受到损害。90% 以上的居民户厨卫合用，7 平方米的厨房内最多有 7 户居民合用，卫生间一般 2 至 4 户合用。不成套的旧住房，给居民生活带来不便。

1997 年 3 月 24 日，上海市政府转发市房屋土地管理局《关于加快旧住房成套改造的实施意见》。同年 11 月，卢湾区对茂名坊实施成套改造，在保留建筑主体结构前提下，通过局部调整房屋平面与空间布局、加固结构、增添厨卫设备，从而提高房屋使用功能，使之独用成套。

茂名坊成套改造基地占地面积 9800 余平方米，建筑面积 10383 平方米，共有新式里弄 51 幢，居民 238 户，单位 9 家，平均每户建筑面积 43.6 平方米。成套改造后，住宅总面积达 17137 平方米，计 258 套。每户朝南有阳台，厨卫独用，成套率提高到 100%。绿化率从原来的 15% 提高到 23%。经过一年多施工建设，居民于 1999 年 5 月回搬进房。茂名坊成套改造，是里弄式住房改造的代表作品之一。

『平改坡』实事工程

链接一

"平改坡"工程是上海市政府一项实事工程。上海改革开放前新建多层住宅大多采用平屋顶，这类房屋面临隔热效果差，房屋漏水严重等问题，居民苦不堪言，住宅条件急需改善。1999 年开始，上海启动"平改坡"工程，将多层住宅的平屋顶改建成坡屋顶，并对外立面进行整修，达到住宅性能提升和建筑物外观视觉改善的效果。

1999 年，卢湾区启动"平改坡"工程。工程主要施工对象为 20 世纪 60 至 80 年代的老公房。当年 8 月，徐家汇路 398 号的住宅"平改坡"工程启动，是上海市首批 13 幢"平改坡"试点之一，也是卢湾区第一幢实施"平改坡"的住房。卢湾区"平改坡"改建工程主要分布在内环线高架、南北高架两侧 100 米左右，淮海路、延安中路等主要道路沿线，卢湾区南部地区七八十年代的老公房、区联建公助房屋等。至 2003 年，卢湾区联建公助房屋"平改

◎ 卢湾区第一幢实施平改坡工程的公房：徐家汇路398号

坡"工程全部结束，至当年 12 月，卢湾区累计完成"平改坡"工程 87.28 万平方米。

2000 年 6 月，原黄浦区启动"平改坡"工程，位于大沽路、重庆北路、成都北路二幢住宅及成都北路小学校舍"平改坡"项目完成，是黄浦区第一批"平改坡"工程。黄浦区"平改坡"主要分布在延安高架路绿地旁、南浦大桥西侧、中山南路、陆家浜路、福州路、河南路等主要景观道路两侧。2000 年和 2001 年完成"平改坡" 28.95 万平方米，涉及居民楼 116 幢，此后每年确定一定范围的"平改坡"实施对象。

黄浦区首批居民自筹资金加装电梯竣工 链接二

黄浦区老龄化程度高，2018 年全区户籍人口中，60 岁以上的老年人口达 32.6 万人，占全区总人口 40%，其中不少人住在没有电梯的老公房里，层层台阶成了老人上下楼的"拦路虎"。为老公房安装电梯是老人们的夙愿，也屡屡成为社会关注的热点。2018 年 6 月，五里桥街道恭房小区 5、6 号楼加装电梯工程顺利竣工，这是黄浦区首批居民自筹资金加装电梯工程。

◎ 恭房小区居民喜迎电梯

　　局门路 361 弄恭房小区建于 1995 年，是五里桥街道桑城居民区里一个售后公房与商品房混合的老小区。小区面积不大，只有两幢 7 层楼房，一共 6 个门牌号，有 72 户居民和 2 户商铺，居民总数 216 人。和上海中心城区的许多小区一样，这里的居民老龄化程度较高，60 岁以上居民有 70 多人，占居民总数的 35%，其中 70 岁以上居民 30 多人。有的老人以前腿脚灵便时，很喜欢到社区里参加活动，和邻居聊聊家常，晚饭后也会在小区散散步。现在年纪大了，上下楼不方便，老人也只能整天待在屋子里。2016 年底，社区居民意见征询会后，恭房小区 5 号和 6 号楼拉开了加装电梯的序幕，2017 年底，两幢楼加装电梯工程先后立项。

　　加装电梯不简单，同一个小区，不同楼栋的诉求不同；同一栋楼，不同楼层的诉求也不同。如何协调各方？加装电梯过程中，小区业委会多次召开业主意见征询会。5 号楼的三位业主组成联络小组，上下奔走，沟通邻里。6 号楼的一位年轻业主为大家建起了微信群，所有方案、事项、进度及时发布，知情协调更方便。在"二次征询"中，小区全体业主三分之二同意、两栋加装楼业主 100% 同意。自筹资金分摊方案确定后，出现 5.2 万元差额，一名党员业主主动"认领"，带动多名党员参与，顺利完成了资金筹集。2018 年 6 月 28 日，恭房小区 5 号楼和 6 号楼加装电梯工程顺利竣工。

47 "田子坊"——原生态的 创意产业园区

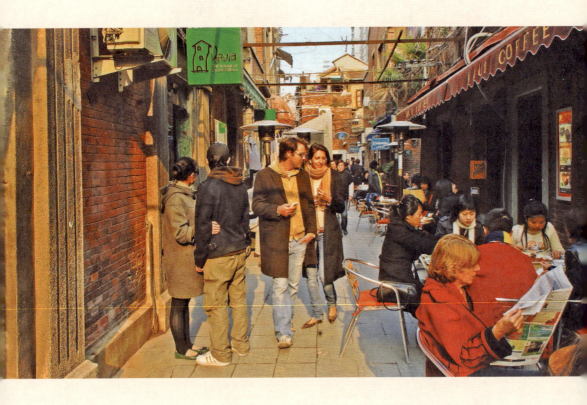

1998 年 12 月 20 日，一路发文化发展公司进驻泰康路 210 弄，揭开了泰康路艺术街逐步形成的序幕。是年，打浦桥街道办事处利用上海人民针厂的闲置厂房，实行了马路集市入室；在卢湾区建委的支持下，对泰康路的路面进行重新铺设，使原来"下雨一地泥，天晴一片尘"的马路焕然一新。随后，街道提出不用国家投资，利用废旧厂房自主招商、建设泰康路"工艺品特色街"的设想。区政府给予了积极支持，专门建立了由区 14 个职能部门组成的泰康路工艺品特色街管理委员会，通过各种渠道引进商家，为投资者提供各类咨询和服务。在市、区两级政府的支持下，通过租赁、转让、置换等方式，逐步把旧厂房、旧民居改建成画家工作室、设计室、画廊、摄影吧、陶艺馆、时装展示厅等，吸引了包括陈逸飞、尔东强、王劼音等知名艺术家及多个国家和地区的创意企业入驻，逐渐成为集室内设计、视觉艺术、工艺美术为主的特色产业。同时，泰康路的国际化程度明显提高。

画家黄永玉以传说中的中国绘画祖师爷田子方之名和上海石库门里弄的命名方式，为这里起名为"田子坊"。弄内的闲置厂房经过艺术再造，体现出不同的海派风格和氛围，随着经济的发展，泰康路又吸引一批从美国、日本、加拿大、法国、新加坡学成的"海归派"在此筑巢，经常举办画展、书展、收藏展、摄影展、招贴展、邮币展、陶艺展、雕刻展等，晚上还举办音乐沙龙、时装发布会、中外歌舞表演、个人演唱会等。泰康路从当初的"工艺品特色街"逐步演变成"艺术街"。坊里的老式厂房、石库门民居和艺术建筑生动地体现了海派文化的脉络，逐步成为多元文化共处的和谐国际化社区。田子坊已成为上海乃至全国最具影响力的创意产业集聚区。

<table>
<tr><td rowspan="2">产业发展之桥</td><td rowspan="2">8号桥，通达创意</td><td>链接一</td><td rowspan="2">2004 年 12 月，"8 号桥"创意产业园区建成开园。8 号桥位于建国中路 8-10 号，原为上海汽车制动器厂老厂房，共有 20 世纪 50 至 80 年代建造的老厂房 8 栋，建筑面积 1 万余平方米。2003 年，在上海市和卢湾区人民政府的支持下，以保护旧建筑的初衷，注入时尚、创意元素，使老厂房焕发新生命，成为上海首批 18 家创意产业集聚区之一。</td></tr>
<tr><td></td></tr>
</table>

◎ 由旧厂房改建而成的集聚创意产业的8号桥

　　园区经过设计改造后，保留了工业老建筑特有的韵味，楼与楼之间用廊桥巧妙连接，吸引了境内外近百家著名设计公司和著名品牌落户，凝聚着历史底蕴和文化内涵的老厂房变成了吸引创意人才、激发创意灵感、集聚创意产业的新载体。形成了以设计为主体的产业链。从建筑设计到工业设计、从创意策划到电影后期处理、从家居设计到艺术院校，各种类型的创意产业相互补充，并且辅以网络信息平台，为上海乃至全国的创意产业发展起到引领与示范效应。

　　"8号桥"改造升级中，坚持土地属性不变、产权关系不变、厂房结构不变"三个不变"，最终迎来"五个变化"：即产业结构从传统制造业向现代服务业的变化；从业人员结构由蓝领工人向白领、金领、自由职业者、创业者的变化；管理方式由封闭管理向开放式管理的变化；从业方式由手工劳动向脑力劳动的变化；文化由单一向多元化变化。"8号桥"集中体现了建筑价值、历史价值、艺术价值和经济价值的融合，并运用新的设计和模式改造，为历史的留存注入时尚、创意的元素，使保留的旧厂房成为现代城市景观的新景象，也促进了创意产业链的形成，是城市历史与未来承接的良好典范。

◎ 卓维700文化创意产业园

卓维 700 文化创意产业园

链接二二

卓维 700 文化创意产业园坐落于黄浦区黄陂南路 700 号、751 号，占地面积 8697 平方米，建筑面积 24500 平方米，原为上海织袜二厂。2003 年起，经两期改造，三幢厂房形成了广告摄影、创意设计、媒体网络、音像表演、演艺经纪等时尚类产业。值得一提的是，从 2017 年起，卓维开始逐步引入上海时装周，对接园内时尚产业资源，打造黄浦区的时尚地标。上海时装周期间联合园区内企业举办时装周分会场活动。

卓维 700 文化创意产业园不断探索优化营商环境的服务途径，积极调整提升园内时尚产业结构，努力创建上海品牌园区，2014 年被评为"上海市 5 星级诚信企业"，连续七届（2005—2018 年）被评为"上海市文明单位"，2018 年通过"上海市文化创意产业园区"复审。

宏慧·盟智园移动互联网基地

2012 年 11 月 27 日，宏慧·盟智园移动互联产业基地被市经信委首批授予上海市信息服务产业基地（移动互联网）。该园区位于蒙自路 206 号，从"1928 年老厂房"的历史工业元素出发，打造一个旧工业和现代园区融合的空间载体，构筑一流的信息化基础设施，配套建设商业设施，建成集开放式办公园区、休闲步行街区、国际化体验社区于一体的移动互联网产业基地。

宏慧·盟智园办公面积约 2.8 万平方米，2015 年仅上半年税收就破亿，是黄浦区首个年税收超亿元的园区。园区特色领域为手机方案设计、手机游戏、芯片研发等，依托黄浦区楼宇经济和创意经济的坚实基础，借势"江南智造"集群的发展前景，契合片区"移动互联产业"的发展方向，打造"移动互联产业市场的标杆"。园区先后引进阿里系、点融、玖富等知名互联网金融企业，也包容鼓励一大批尚处于创业初期但商业模式独特的创新型企业。这些互联网金融创新型企业技术功底扎实，形成了传统金融与互联网金融相互融合嫁接的独特商业模式。

◎ 宏慧·盟智园

1999 年 9 月 20 日，上海首条步行街——南京路步行街开通。南京路步行街的开通经历了两个步骤。1995 年 7 月 15 日，南京路从西藏中路至河南中路段试行周末步行街。试行步行街后南京路日人流量高达 170 万人次，是试行前的 4.3 倍。出现了百万人逛大街的景观。沿街商家调整商场布局、商品结构，发扬特色，使周末步行街日营业额最高达 4700 万元，是平时周一至周五平均额的 1.35 倍。

试行步行街的同时，南京路周边道路改造工程抓紧进行。1997 年 9 月 30 日，九江路综合改造工程通车，第二年天津路综合改造工程实施，12 月 23 日通车，承担了南京东路的交通功能，为全天候步行街建设奠定了基础。1998 年 8 月 20 日，上海市政府决定建设南京路步行街。9 月起，由上海市商业委员会负责并会同黄浦区政府着手对南京路商业结构和功能进行调整，把百货比重降低，对名特优商店保留、扶植和改造，提高餐饮比重，增加娱乐功能。

1999 年 9 月 20 日全天候南京路步行街开通。步行街东起河南中路、西至西藏中路，全长 1033 米，路幅宽 18—28 米，总用地约 3 万平方米。江泽民题写"南京路步行街"的街名。调整后南京路餐饮、娱乐比重由原来的 4.7% 和 0.73% 上升至 11.09% 和 9.13%。调整后的南京路步行街商业结构合理，形成了商品博览、繁荣繁华、购物天堂、文明窗口四大特点，并入选上海十大夜景，为全市商业的调整树立了样板。

精品商厦　不得不提的上海　　链接一

1991 年 8 月 18 日，上海精品商厦建成开业。上海精品商厦位于南京路西藏路口，原是黄浦区少年宫以及东海皮件商店、南海衬衫店等 4 家商店所在地。1990 年初，黄浦区人民政府决定将区少年宫和 4 家商店迁至别处，在原地组建上海精品商厦。经过近一年的施工，上海精品商厦正式开业。改建后的上海精品商厦三层楼面，营业面积 4000 多平方米，主要经营中、高档商品，定位"精品营销"。商厦硬件设施一流，配备现代化的自动扶梯、中央空调，营业环境整洁宽敞，一经亮相，即引起很大的轰动。商厦开业四个月，营业额超过 1 亿元，第二年销售额 2.5 亿元，1993 年达 5 亿元。

上海精品商厦的建成开业开启了对南京路进行大规模商业改造的先河，成功打

◎ 上海精品商厦在南京西路1号开业

响了南京路商业街调整改造的第一炮。从 1991 年下半年起，黄浦区政府对南京路沿街两边的危旧房屋进行大规模改造，确定了医药一店、先施公司（今新世界休闲港湾）、长城鞋业公司（今宝大祥所在地）、上海电子商厦（今雅戈尔旗舰店）、协大祥商厦（今阳光商厦）、南洋商厦（今上海旅游品商厦）、曼克顿广场、中国照相馆八个重点改造项目，把从河南路口起一直到浙江路口两侧的商业用房进行了彻底的改造。从精品商厦建成到八大商厦改造，对南京路商业街的改造全面铺开。此后，黄浦区每年确定一批改造更新项目。到 20 世纪末，南京路商业街的营业条件和经营面貌发生了根本性变化。

世纪广场 链接二

南京路世纪广场与南京路步行街同步施工改造，1999 年 5 月建设工程开工，1999 年 10 月竣工。

世纪广场位于南京东路以南，福建中路以西，湖北路以东，九江路以北，占地面积约 9000 平方米，因为建成时正值迎接千禧年，所以取名叫"世纪广场"。世纪广场配有 36 米宽、9 米高的 LED 超大全彩色电子屏幕，传送各地信息；入夜，满街霓虹溢彩，展示出现代都市的繁华。在这里，人们

◎ 2012中国上海国际艺术节"天天演"活动在南京路世纪广场开幕

还可触摸到仿古青铜器"世纪元钟"与"东方宝鼎",世纪元钟高 2.25 米,重 3.2 吨,全铜仿商代钟鼎造型,钟体浑厚,古朴典雅。东方宝鼎高 3.08 米,重 4.5 吨,象征吉祥如意。

　　世纪广场以观演作为其主要功能,兼顾娱乐休闲,为市民与中外游客提供休憩、演出、展示以及举行各种文化娱乐活动的场所,成为上海对外旅游景点中重要的组成部分。世纪广场建成以后承办了许多重大文化活动,如"迎澳门回归"系列活动,上海国际艺术节"天天演"活动,上海旅游节开幕式及黄浦系列活动,等等,极大地丰富和活跃了市民的文化娱乐生活。

49 让人流连忘返的思南公馆

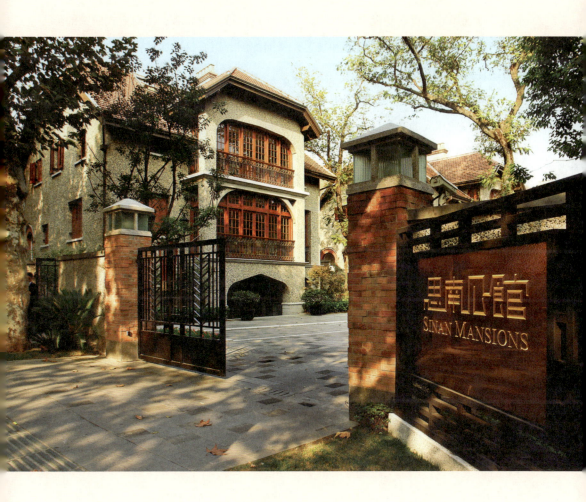

1999 年 9 月，上海市政府提出进行历史建筑与街区保护改造试点，思南公馆项目被确定为上海市四个试点项目之一。

思南公馆区域东起重庆南路，西至思南路西侧花园住宅边界，南邻上海交通大学医学院，北抵复兴中路，占地面积 5 万余平方米，需要保留保护的老建筑 51 幢，包括周公馆 2 幢。其中 39 幢被确定为市优秀历史建筑，是上海衡山路—复兴路历史文化风貌区的重要组成部分和上海成片花园住宅最集中的区域之一。然而，历经近百年风霜，思南公馆区域已是沪上典型的"72 家房客"模样。

改造试点确定后，由区属永业企业（集团）有限公司负责组织实施。修缮工程本着"重现风貌、重塑功能"的理念，主要通过保持历史风貌、使用方式回归的形式进行改造，以精雕细琢的精神和技艺，修旧如旧，用心打磨，原汁原味地还原其应有的样貌。

思南公馆项目的更新改造历时 10 年，2010 年项目建成试运营。建成后的思南公馆由四个相辅相成的功能区组成，分别是南苑公馆酒店区、北里特色名店区（商业内街）、西苑企业公馆区、东苑至尊府邸区（新建公寓），由新建的五个露天广场和步行街关联为一体。修缮完成后的思南公馆区域各种建筑风貌百花齐放，商业街区全天候开放。陆续开发的部分商业项目，也让这片街区在浓浓的文化气息之余，吸引更多人前来漫步，用更为市场的方式来保留、改造，后续开发再利用。

再造『外滩源』 链接一

外滩源位于苏州河、黄浦江交汇处。这里是上海开埠历史的起点，上海近现代贸易、商业和金融业在此孕育生长，中西方文化于此交融积淀。区域内保存完好的 14 幢近代优秀历史保护建筑集中了欧洲文艺复兴、新古典主义、折中主义、装饰艺术派和现代主义等多种建筑风格。

2002 年，黄浦区编制外滩源项目的规划，规划对这一地区进行保护性开发建设，改造为集商业、酒店、办公、公寓、文化娱乐、旅游休闲、绿地等于一体的高端综合服务区。项目东起中山东一路，西至四川中路，南抵滇池路，北临苏州河。规划用地面积 13.8 公顷，总建筑面积 36.3 万平方米。2004 年 7 月，黄

◎ 外滩源

浦区外滩源项目开发建设领导小组成立。2005 年 11 月，新黄浦集团与美国巴巴多斯岛洛克菲勒国际集团合作组建上海洛克菲勒集团外滩源综合开发有限公司。2006 年初，市地名管理办公室批准了"外滩源"地名。外滩源项目被列为浦江两岸综合开发先行工程。2010 年 4 月，以原英国领事馆及领事官邸为核心的外滩源 33 号项目中的公共绿地和圆明园路特色景观街基本建成并开放，园内 27 颗百年古树与整修一新的英式草坪营造出秀丽的建筑园林景观与浓厚的历史人文气息；9 月，定名为"外滩源壹号"的外滩源 33 号建筑经修缮后投入试运营；10 月，半岛酒店建成开业。2012 年 4 月，益丰外滩源开业。2013 年，洛克外滩源项目一期 11 栋历史建筑修缮完成。通过功能重整与设施更新，一个既恢复了历史风貌，又被赋予了现代城市功能的经典街区初显轮廓。

老码头的重生

链接二

为迎接 2010 年上海世博会，上海市政府对上海外滩景观进行整体改造，老码头便是其中之一。老码头位于上海老城厢地区东侧的十六铺沿江地区，原址为上海油脂厂。改建之初就坚持"以旧修旧"，在保持原本布局的基础上，进行外观改造、修葺，使其从一片空旷破败中原地重生，重新树立起了"上海滩"的金字招牌。改造工程以老上海的历史文化为内涵，保持了最富上海韵味的"石库门"建筑特点，全新展现"十六铺"文化。同时，还巧妙融入了现代时尚元素如玻璃、

◎ 老码头

钢结构，部分建筑经过巧妙设计，原本看似平淡的空间变得精巧、典雅、别具匠心，深受时尚、创意人士和企业的青睐。被评为 2008 年十佳创意产业园、2009 年上海市工业旅游景点。

2019 年，老码头进行了第二次升级改造。主要分为建筑、室内和景观三部分展开，通过功能、立面、材质的更新以及景观功能上的提升运用，赋予老码头全新的面貌。定位于国际一流商业文化综合体，以高端白领、国际商旅者为主要目标客群，同时服务周边社区。根据业态与建筑布局的功能性，把展厅、文创集合店、餐饮、创意办公等潮流业态植入到设计当中，自然呈现活跃的商业空间与静怡的文创办公氛围。

50 特殊教育零拒绝

1999年，上海市卢湾区辅读学校率先在全市提出"特殊教育零拒绝"。

上海市卢湾区辅读学校创建于 1986 年，对弱智儿童实施义务教育。学校从创建到 1996 年，主要招收 3 到 22 岁的轻度弱智学生。1999 年，上海市卢湾区辅读学校率先在全市提出"特殊教育零拒绝"，即对凡普通学校、盲校、幼儿园不招的学生，该校一律招收，对残疾儿童"全员、全程、全方位实行终生教育，对本区域的极重度的残疾儿童送教上门。校长何金娣坚持，"只要户口是我们辖区里的，哪怕你躺在床上，我们也要送教上门。"

当时学校学生年龄跨度大，残疾种类多：如自闭症儿童、脑瘫儿童、弱智儿童、多重残障儿童等；重度智力障碍、严重语言障碍、严重行为偏差的等，错综复杂的教育对象对学校的教育康复实施提出了严峻的挑战。学校从无到有，围绕生存教育先后开展各种重大课题研究，潜心钻研，设计教材：教孩子认识人民币；语文课上教说话、写字；生活课上教怎样系鞋带；甚至还开设计算机课教孩子们上网搜索、收发邮件。辅读学校的老师在实践的基础上，总结出《实用语文》《实用数学》《社会生活》3 套教材，共计 54 册，由上海教育出版社向全国发行，被近 250 所辅读学校使用。

"是人就应当接受教育"，这是辅读学校原校长何金娣的感言，也是辅读学校一直用实际行动践行的伟大承诺。

爱的『眼神』

链接一

2005 年 2 月 27 日，2007 年世界夏季特殊奥林匹克运动会会标、主题及 2005 年度公益宣传片揭晓，周宝妹设计的会标"眼神"，从应征的 1477 件稿件中脱颖而出。

周宝妹是卢湾区辅读学校特教老师，自 2007 年特奥会会标征集活动开展以来，卢湾区辅读学校的孩子们踊跃参赛，周宝妹指导学生创作了一幅幅他们心目中的特奥会会标。有一天，一个孩子突然抬起头对周宝妹说"老师，我也想参加特奥会"。那一刻，孩子眼神里流露出的真挚感情感动了她，那是充满期待——期待关爱、期待成功的眼神。周宝妹以此作为主题，创作了题为"眼神"的会标作品。

◎ 特奥会会标

"眼神"会标的外形为一只眼睛，眼中的图形既是两个跃起的运动员的造型，同时也是上海市市花白玉兰绽放的图形。该设计图案简洁、明快、易识，便于包括智障人士在内的所有人记忆和理解。主题包含祈盼、关爱、关注三层含义，体现了特奥运动员和智障人士自信、自强的精神，以及全社会对智障人士的关爱。

2007 年 9 月 23 日，以"眼神"为主题的纪念雕塑在延中绿地落成，总高 5 米，主体采用的是不锈钢和花岗岩材料，上方流线型的外形宛如一条象征着无限发展的麦比乌斯纽带，连接起全世界智障人士的友谊，彰显出特奥会所崇尚的"转换一种生命方式，您将获得无限发展"理念，下方底部的显著位置上铭刻着本届特奥会的会标"眼神"以及相应的中英文特奥标识。整座雕塑构思新颖，设计颇具匠心，寓意深刻，是 2007 年特奥会唯一永久性保留雕塑。

链接二

用心关爱，行无障碍

创建无障碍环境工作是加强社会建设，保障和改善民生的一项重要工作。2003 年至 2010 年间，黄浦区通过两轮无障碍环境建设，大大提升城区无障碍环境。2003 年启动居住区无障碍环境建设的大规模改造。在城区的主次干道、市区级商业街、步行道等人行道，城市公园、广场、重点公共建筑的人行道口，

◎ 改造后的无障碍设施

公交车站的等候区设置盲道；在交叉路口、街坊路口、人行横道，城市主次干道、支路、街道的人行道设置缘石坡道和进行坡化改造，完成比例83%以上；在居住区进行以建筑物出入口改造为主的无障碍环境建设，实施无障碍设施维修、建筑出入口三步台阶扶手安装和解决历年遗留下来尚未改造的老大难问题，实现全区已建高层和中高层住宅、公寓入口无障碍改造率达80%以上。新建各类公共建筑全部按要求建设了无障碍设施，既有建筑也按照工作标准完成了改造。

世博会后，国家开展新一轮创建工作，黄浦区在无障碍环境建设上进一步拾遗补阙，攻克难点，从本区的城市定位出发，立足于完善城市基础设施，增强城市载体功能，多措并举，循序渐进，圆满完成了创建全国无障碍建设城市工作各项任务指标。

51 延安中路公共绿地

2000 年 1 月，延安中路大型公共绿地（简称延中绿地）工程动工。延中绿地工程是上海市委、市政府为改善上海生态环境、缓解中心城区"热岛效应"而实施的建设项目。该绿地位于上海市"申"字形高架道路中心结合点，规划总面积 23 万平方米，由 19 个街坊绿地组成，横跨原黄浦、卢湾、静安三个区，是上海市中心面积最大的公共绿地。

延中绿地黄浦区段（含原卢湾）东起西藏南路、西至老成都路、南起金陵路、北至大沽路，这里曾是上海旧房危房密集度最高的地区之一，也是上海"热岛效应"最严重的地区之一。整个工程分三期建设，于 2000 年 1 月动工，2003 年 6 月竣工。绿地整体规划方案由加拿大蒙特利尔市的 William Asselin Askaoui 景观建筑师和城市规划师共同策划，并由上海市园林设计院做施工图设计。

建成后的延中绿地起着城市绿肺的作用。绿地内地形高低起伏，浓密的林木灌木丛、开阔的草坪和瀑布、小溪，形成一个立体的生态景观，绿地东部大树成荫，植物种类丰富，栽有紫薇、雪松、榉木、香樟、银杏等乔木，还引种了上海公共绿地上少见的马褂木、野黄桂、杜英、杜仲、毛竹等树种，另外还种植了红王子锦带、熊掌木、紫金牛等新品种。精湛的建筑小品和各种园灯与绿化融汇一起，在市中心"肺部"形成一块具有生态功能的景观绿地。各个区域之间各具特色又相互呼应，并由空中步行桥相连接，唤起久居都市的人们保护水资源、保护植物生长空间、保护生态环境与大自然和谐共存意识。

链接一 **太平桥绿地——闹市中的静谧绿意**

2001 年 6 月 8 日，太平桥绿地建设工程竣工。太平桥绿地西接黄陂南路，东起吉安路，南至自忠路，北至新辟的湖滨路，是一座开放型公园绿地。

历史上的太平桥地区曾是大块农田，有较大的河浜和一些著名的桥，1900 年法租界第二次扩张时填浜拆桥，使该地区只留下桥名。上海解放后的太平桥故地居住密度高、生活环境差，是卢湾区旧区改造的重点地区之一。1996 年开始，卢湾区政府组织编制并实施太平桥地区控制性详细规划。太平桥公共绿地建设是太平桥地区

◎ 太平桥绿地

规划的一部分，2000 年启动建设，2001 年 1 月 5 日正式开工，6 月 8 日竣工。该项目由日建设计国际有限公司（新加坡）、美国 SOM 设计有限公司、彼得·沃克合伙人景观设计事务所、迈进（新加坡）工程设计管理咨询有限公司以及上海市园林设计院、上海市地下建筑设计院合作共同规划。建成后的绿地占地面积 44000 平方米，其中园林绿地 32000 平方米，湖泊水面 12000 平方米，湖水量达 15500 立方米。绿地内有外形自然流畅的人工湖，高低变化的平缓山坡，蜿蜒曲折的林荫小径，环湖亲水平台以及两个不同形状的小岛。人工湖是标志性景观，配备循环系统、喷泉系统、充气系统、生化系统、满溢系统和控制系统。绿地植物以乔本为主，有各类乔木 1250 株，包括 150 多年树龄的枫树、百年以上树龄的桂花树、约 80 年树龄的白玉兰等，灌木、草皮 22000 平方米。

太平桥地区位于繁华的淮海路商业街南侧，有高雅的新天地，著名的中共一大会址纪念馆，配套完善的高档住宅小区，太平桥绿地的建成使这一地区的整体环境

◎ 改建后的复兴公园沉床花坛

质量和居住水平大大提升。

链接二

复兴公园，修旧如旧

2006 年 8 月，复兴公园改造工程启动。复兴公园是目前我国唯一一处保存较为完整的法式园林，自 1909 年 7 月 14 日落成开放，迄今已逾百年。公园位于雁荡路 105 号，东临重庆南路，南临复兴中路，西近思南路，北与科学会堂等为界，毗邻繁华的淮海路商业街和多个历史文化景点，如孙中山故居、周公馆、科学会堂等。2006 年，在复兴公园建园 97 年之际，公园进行了一次较大规模的改造，改造宗旨为："生态的理念，修旧如旧，合理创新。"

此次改造在布局上传承了法式园林的特点，又将中国园林的风格融入其中，展现出中西合璧的怡人园林景观，园区的改造施工本着保护、继承、光大和发扬园林景观的原有风貌特色，修旧如旧的原则展开。蔷薇园重新规划建设，在蔷薇园内新建极富法式园林风韵的钢结构花架长廊；引入品种优良的玫瑰、月季等；通过喷水池、园路等改造，使之焕然一新，更具法式园林特色。还改造了园内假山、荷花池等中国园的组成部分，由于长期缺少维护，该部分景观整体零乱，荷花池观赏性较差，改造后的中国园面貌得到较大的改善，中国园林元素得到加强。复兴公园改造工程历时两年，于 2007 年年底竣工开放。

52 上海集成电路设计产业化基地成立

2000 年 2 月，上海集成电路设计产业化基地成立，是国内首个集成电路设计产业化基地，同时成立的上海集成电路设计研究中心承担该基地的管理与运行，市科委投入 1 亿资金，建立测试技术平台，以开放实验室的管理模式，供集成电路设计企业共享使用。是年 8 月，市科委、黄浦区政府和新黄浦（集团）有限公司共同组建上海集成电路设计创业中心，履行上海集成电路设计产业化基地内集成电路设计专业孵化器的政策服务职能。

上海集成电路设计产业化基地位于高科技创业园区上海科技京城。自引入上海集成电路设计产业化基地后，"国家星火计划""江浙沪"国家 863 专家组相继入驻科技京城，上海市成果转化服务中心、上海市产权交易所、上海市高新技术企业认定办公室等机构也纷纷入驻京城。科技京城迅速成为上海市中心城区内唯一一家高科技创业园区，成为远近闻名的"头脑之都"。科技京城形成了"一园多基地"格局和各项配套服务体系，吸引众多创新创业人群齐聚。园区内有各类公司、企业 2000 余家，大部分企业从事高科技研发和电子元器件贸易。

建设医学健康创新园区

链接一

2017 年 10 月 13 日，上海广慈—思南医学健康创新园区项目正式启动。该项目是黄浦区政府与瑞金医院合作的科创重大项目，旨在探索政府部门、医疗机构和产业之间创新合作模式，聚焦肿瘤、心脑血管及慢性代谢疾病等，加速相关新药物、器械及治疗方案问世。园区 I 期规划以思南路为轴线，北临复兴中路、南靠徐家汇路、西起瑞金二路、东至重庆南路，总面积约 10 万平方米。其主要功能是引入科研成果转化咨询公司、专利申请管理公司、专利律师行、医药研发外包服务公司、生物医药产业临床试验服务公司、生物医药产业中介，为入孵项目开放临床研究床位、生物样本库等共享科研资源；在资金上，由孵化基地通过整合风险投资、成立产业促进基金及政府扶持基金等，成为生物医药创新孵化基地，在体制、资源、资金上给予入孵项目以全方位支持。

2019 年 1 月 10 日，上海交通大学医学院智慧医疗研究院、欧姆龙医疗器械（北京）有限公司、上海德诚科技服务合伙企业、上海良福生物科技有限公司等四家单

◎ 广慈—思南医学健康创新园区项目启动仪式

位作为首批入驻单位正式与园区签约。

链接二

中心主阵地
全面打造服务科创

　　2018 年 1 月 9 日，黄浦区人民政府与普华永道签署战略合作协议，双方约定共同打造创新行业国际化平台，加速全球创新资源在黄浦的集聚。创新行业国际化平台依托普华永道创新中心空间载体，聚焦融合新兴技术的高端服务业领域，在全球范围内遴选优质企业。

　　为主动服务国家战略，深化对接上海科创中心和"一带一路"建设，黄浦区围绕上海市委、市政府提出"打造高端现代服务业标杆"的要求，结合高端服务业集聚的区位优势，提出了打造服务科创中心建设主阵地的目标，通过整合专业资源、提升服务能级、培育创新主体、优化产业链条等举措，加快高端服务业创新发展，构建贯穿科技创新成果展示、体验、交易、

◎ 2018年1月9日，黄浦区政府与普华永道签订战略合作协议

转化等各个关键节点的全过程服务链。

　　作为黄浦区全面打造服务科创中心主阵地的重要举措，黄浦区与普华永道在战略合作协议框架下探索"公共服务＋商业运作"的新模式，旨在发挥高端服务业集聚优势，加快汇集全球范围内的资本、技术、人才等创新要素，构建国际化、专业化的创新服务体系，打造国内一流、国际领先的高端服务业示范平台，进一步提升高端服务业对上海科创中心建设的服务支撑功能、助力黄浦区建设世界最具影响力的国际大都市中心城区。

53 在城市更新中留住历史文化根基

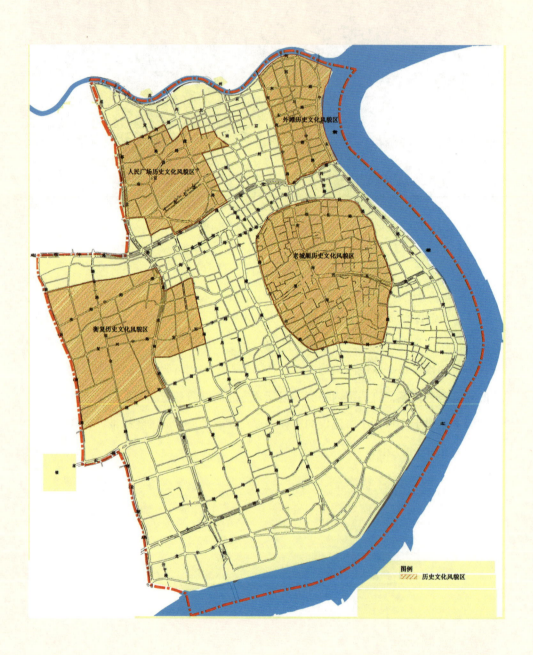

外滩历史文化风貌区

人民广场历史文化风貌区

老城厢历史文化风貌区

衡复历史文化风貌区

图例
历史文化风貌区

2002 年 7 月 25 日，上海市第十一届人民代表大会常务委员会第四十一次会议通过颁布了《上海市历史风貌保护区和优秀历史建筑保护条例》，这是上海依法保护城市历史文化遗产的重要事件。黄浦区外滩、人民广场、老城厢和衡山路—复兴路历史风貌区是首批以立法形式认定和保护的 12 个历史风貌区之一。

黄浦区在历史风貌保护上逐步形成由"历史风貌建筑—风貌保护道路—历史文化风貌区"构成的"点、线、面"相结合的复合型历史风貌空间体系。有采取"留、改、建"相结合的方式进行成片开发的思南公馆、外滩源，有通过单体修缮改造，恢复或加固历史建筑结构、承载现代功能的北京东路 256 号四明保险大楼、280 号盐业大楼等。开发经营模式也多种多样：思南公馆、外滩源和多处单体开发的老大楼都是通过置换的方式进行开发；北京东路 240 号四明银行大楼、北京东路 270 号中一大楼、北京东路 290 号中华银行大楼等通过包租、互换取得经营使用权，修缮后转租；四川中路 149 号、110 号等老大楼，通过接受权属单位委托，代为完成优秀历史建筑修缮装修工作。

目前，黄浦区共有优秀历史建筑 289 处，占全市优秀历史建筑比重达 26%；不可移动文物共 822 个点，其中：全国文物保护单位 31 个点（6 处），市级文物保护单位 57 个点（56 处），区级文物保护单位 27 个点（27 处），登记不可移动文物 186 个点，第三次全国文物普查登记点 521 个点。另有规划若干保留建筑；风貌保护道路 37 条，风貌保护街巷 36 条，风貌保护街坊 32 个；四处历史文化风貌区，总面积 581.3 公顷，占黄浦区陆域面积的 31%。2015 年，黄浦区成立了全市首个区级历史文化风貌区和优秀历史建筑保护委员会，负责统筹协调全区历史文化街区、历史文化风貌区和优秀历史建筑的保护工作。

历史风貌区 衡山路—复兴路 链接一

衡山路—复兴路（简称衡复）历史风貌区总面积 7.66 平方公里，其中黄浦区内面积约 2 平方公里，具体位置为长乐路、太仓路以南，重庆南路、黄陂南路以西，陕西南路以东，建国中路、合肥路以北。其中有花园住宅 144 幢，总建筑面积 6.6145 万平方米；新式里弄 370 幢，总建筑面积 26.2565 万平方米；一级旧里约 24 万平方米。全部保护建筑面积约 72 万平方米。

◎ 思南路历史风貌保护区鸟瞰

衡复风貌区内大量里弄房屋仍用于居住，房屋实际居住密度远高于房屋的原始设计容量，长期超负荷使用，使得房屋不堪重负。在房屋日常管理与修缮过程中，兼顾建筑的保护和居民的实际使用需要，在保护与房屋功能设计上达到平衡，加大了保护和利用的技术难度。2007年，卢湾区政府拨款550万，市文管会资助100万元，对步高里进行里弄综合改造，成为里弄房屋保护利用的典范。

建于1930年的步高里，位于瑞金二路社区陕西南路和建国西路交界处，占地约7000平方米，共有砖木结构二层石库门建筑78幢，形成了完整的里弄街坊格局，是晚期石库门里弄的代表。1989年成为市级文物保护单位。步高里的大修工程包括新式坐便器安装、厨房水电煤设施更新、室内喷淋安装、外墙修复、路面铺设、市政管道整治以及建筑内外的局部维修等。内部改造中，解决居民马桶安置问题，并在防潮、防异味等预防措施上取得重大突破，使居民生活质量得到很大改善。在外部改造中，采用国外先进技术对清水红砖和石材进行清洗和修补，祛除了过去屡次"画墙式"修缮留下的红砖粉和涂料，修旧如旧，恢复原貌。

保留城市肌理的"外滩·中央"

链接二

2011年底，上海外滩投资开发（集团）有限公司承接"南京东路179号街坊成片保护改建工程"，将项目定名为"外滩·中央"。2013年4月，保护改建工程开始动工。"外滩·中央"按照"重现风貌、重塑功能"的总体要求进行

◎ "外滩·中央"外景

方案设计，采用保护性手段对历史外墙进行清洗和修缮，恢复外墙原有的水刷石立面，墙面花饰和凹凸肌理得以保持，修旧如旧后，沿街风貌统一和谐，原有城市肌理被完好保留。

在上海首批以立法形式认定和保护的 12 个历史风貌区中，外滩历史文化风貌区是中心城区发展较早、最具亮点和世界级知名度、优秀历史建筑最为密集、建筑最为精彩绝伦的风貌区。在 2015 年 6 月 13 日第 10 个中国"文化遗产日"，上海外滩正式入选首批国家级历史文化街区，这也是上海唯一入选的一处历史文化街区。该风貌区共包括 43 个街坊，总用地面积为 100.8 公顷，涉及黄浦、虹口两个行政区。建筑面貌基本形成于 20 世纪 30 年代，以金融贸易建筑为代表，一些主要建筑如汇丰银行、海关大楼、怡和洋行、沙逊大厦、上海总会等代表了当时世界建筑的最高成就。其中，外滩建筑群被列为国家级文物保护单位。"外滩·中央"是外滩风貌保护与周边开发建设结合，增加公共配套设施，提供公共共享空间，注入新功能，融入区域功能结构框架的重要尝试。

2002 年 9 月 30 日，坐落于淮海中路南侧，黄陂南路、太仓路、马当路和自忠路之间的上海新天地全面开业。新开业的新天地拥有近百家来自十多个国家和地区的商家，日均客流量约 2 万人次，周末节假日达到 3 万人次，获得了国内外的关注和美誉，成为上海崭新的时尚地标和名片。

历史上，这是片石库门建筑群，历经百余年的石库门住宅成了危房。1998 年，香港瑞安集团与上海复兴建设发展有限公司合作投资 14 亿人民币，用创新方案改造中共"一大会址"前后两个石库门旧街坊，通过再利用 14 万块旧砖，对石库门建筑外表整旧如旧，对建筑内部掏空并加注钢筋水泥实施现代化改造。对区域总体空间结构、街道尺度进行大胆设计，北部地块保留大部分石库门建筑与一大会址的建筑相协调，以延续历史文脉，南部地块以凸显时代特征的新建筑为主。功能方面首次改石库门居住功能为商业功能，引入创意文化，营造"中西文化融合、传统与现代对话"的商区氛围，成为国际性的餐饮、商业、娱乐、文化的休闲步行街。

项目命名采用了中国的拆字法，"一"加上"大"就是"天"字，"天"对应"地"，用"新"字概括"从 20 世纪到 21 世纪的跨世纪项目"，"上海新天地"名字由此而来。

上海新天地开创历史建筑开发性保护新理念，既保留了城市个性，又将文化遗产嫁接当代生活，"拆、改、留"并举的做法，为上海的旧区改造闯出了一条新路子，成为全国城市更新的典范，成为全球 20 大文化地标之一，并入选世界银行全球 Urban Renewal 经典案例。

倒计时晚会　上海新天地迎新年

链接一

2002 年 12 月 31 日晚，由上海市人民政府外事办、上海市旅游事业管理委员会、卢湾区政府、上海市对外友好协会、上海市外商投资企业协会和瑞安集团共同组织的上海新天地 2003 新年倒计时晚会在太平桥人工湖畔举行，参加倒计时活动的有上海各界人士、广大市民和在沪的各国领馆、外国商会、外国企业、华侨华人、港澳台同胞。整个倒计时活动从 12 月 31 日

◎ 上海新天地2008年新年
倒计时晚会

晚 10 点开始，至凌晨 1 点结束，历时 3 个小时。

人工湖畔观景区搭建了巨大的舞台，领舞的外籍 DJ 从主台走到天桥处带动现场情绪、钢琴演奏、摇滚乐、网状激光，台下观众的共同参与，使台上台下融为一体，到零点时人工湖畔的空中与水面，音乐与焰火交相辉映，呈现"光影同奏灯火盛典"的景观，伴随着湖面上"2003"字样的出现，大家欢呼舞蹈共同走进 2003。

此后，历届新天地迎新年晚会邀请一线大牌明星助阵跨年倒计时盛会，融合科技、时尚元素，创新湖上倒计时形式，在人工湖区域搭建巨大的水上舞台，台上的明星表演与台下的观众互动融为一体，积极打造互动、融合和国际化的城市公共文化空间，成为上海标志性的大型城市文化活动之一，向国内外展现上海国际大都市形象。

新天地人工湖 上海时装周登陆

链接二

2012 年 4 月，上海新天地太平湖成为上海时装周 2012 秋冬作品发布主秀场之一。上海新天地首次在太平湖公园上打造沪上第一个水上秀场，复刻石库门的入场构造，总面积达到 2500 平方米左右，拥有约 30 米的水上 T 台和能容纳 550 人的观众席。

◎ 上海时装周品牌发布会

　　上海时装周诞生于 2003 年，持续通过一年两季的时装发布，从单纯的作品发布平台，逐步链接贯穿整个时尚产业链，打造多维细分发布平台，举办商贸订货展会，举办丰富多元的主题活动，助力拥有出众设计和精良品质的服装服饰品牌扩大市场影响，形成产业链上下游的协同联动，形成时尚生态圈，带动中国时尚产业，助推城市经济发展。上海时装周逐步升级转变为国际化、市场化、专业化为特色的时装周，被国际时装行业评价为"全球最具活力的时装周"。

　　上海时装周致力于打造本土设计师孵化基地。发布场次中，原创独立设计师占比 7 成，培育了 300 余名在国际舞台声名鹊起的中国本土设计师，并从上海时装周走向国际，斩获"LVMH 青年设计师""国际羊毛标志大奖"等多项国际大奖。上海新天地、新天地时尚开设了多家中国原创设计师品牌门店，推动中国原创设计文化的发展，扶持本土设计新生力量。2014 年起，"Design by Shanghai 设计师海外推广"项目多次赴伦敦、巴黎、米兰、洛杉矶等地，展示中国本土设计师的先锋设计；2015年，上海时装周升级成为国家级的文化交流平台，成为中意文化合作机制的中方成员单位。如今，上海时装周已经成为中国以及亚洲最具影响力、辐射面最广的以时尚为主体的活动。

2004 年 11 月 6 日、7 日，卢湾区引进由国际体育舞蹈联合会（IDSF）主办的国际顶级水平的体育舞蹈赛事——IDSF 体育舞蹈青年标准舞锦标赛，上海卢湾体育馆首次成功举办"2004 年'老庙黄金'杯 IDSF 体育舞蹈青年标准舞锦标赛暨中国上海国际体育舞蹈公开赛"。

由此，每年的 IDSF 国际体育舞蹈系列赛都在上海卢湾体育馆如期举行，如 IDSF 世界青年标准舞锦标赛、世界杯标准舞赛、世界杯拉丁舞赛等系列赛、分站赛和 IDSF 大奖赛总决赛。该项赛事迅速发展，在国际、国内体育舞蹈界的影响力日渐显现。2011 年，国际体育舞蹈联合会为使其组织更具全球性，更名为世界体育舞蹈联合会（WDSF）。

2011 年和 2017 年，黄浦区连续两届赢得 2012—2016 年、2018—2022 年 WDSF 世界体育舞蹈大奖赛总决赛为期 5 年的承办权，由 WDSF 年度积分排名前 12 位的拉丁舞和标准舞顶级高手角逐年度冠军，堪称世界体育舞蹈"大师赛"。

围绕 WDSF 大奖赛总决赛这一核心赛事，黄浦区举办体育舞蹈"三进"（进商圈、进学校、进社区）活动、明星选手"红毯秀""欢迎晚会""大师公开课"等一系列衍生活动，进一步扩大 WDSF 品牌赛事辐射效应，提升 WDSF 赛事办赛品质。WDSF 赛事也一直得到社会企业的大力支持，曾被冠名为"老庙黄金""瑞安杯""永业杯""瑞安·永业杯"等，现已成为上海市十二大品牌赛事之一。

轮滑队 为国增光的黄浦区

链接一

黄浦区花样轮滑队成立于 1980 年，1984 年获得全国个人和团队冠军，此后先后获得三十多次全国花样轮滑锦标赛的团体冠军。1989 年，花样轮滑队代表中国参加亚洲轮滑锦标赛，连续七届获亚洲花样轮滑锦标赛团体冠军。

2004 年，黄浦区引进自由式轮滑。2005 年，首届上海国际自由式轮滑公开赛在外滩举办。2008 年，自由式轮滑国家队正式组建。2009 年首次代表中国参加世界自由式轮滑锦标赛。轮滑队在每一届世界锦标赛都代表中国出征，包揽半数以上的奖牌，成为团体总分第一。

◎ 2018年11月16日—18日，2018"老凤祥杯"第九届上海市国际自由式轮滑公开赛在上海市黄浦学校举行。

2017年9月，由黄浦区体育局牵头，以上海轮滑协会主管，轮滑学校和社会企业共建的方式，在黄浦区正式成立上海国家滑板集训队。成立以来，参加国内外比赛16站，获得金牌20枚、银牌14枚、铜牌6枚，在7个国家集训队中排名第一。2019年4月，黄浦区滑板队参加在河南清丰举行的2019年全国滑板锦标赛，获得一金二银一铜，并有4名运动员分别选入国家队和国家集训队。

奔跑中的上海国际马拉松赛

链接二

2013年12月1日，以"奔跑的城市，市民的节日"为主题的2013上海国际马拉松赛，从外滩陈毅广场起跑。2013上海国际马拉松赛首度增设10公里跑项目，向更多路跑爱好者敞开大门；"魅力美景"赛道经过优化调整，新增外滩老码头景区，上海中心城区多个黄金地标被纳入马拉松路跑版图。根据2013年国际田联金标赛事评选标准，上海国际马拉松赛组委会向国际田联递交了路跑金标赛事申请表，国际田联次日即通过电子邮件做出回应：审核通过上海国际马拉松赛组委会的申请，并随函附上2013年

◎ 2013年12月1日，上海国际马拉松赛在陈毅广场鸣枪起跑

国际田联路跑金标赛事证书。

　　上海国际马拉松赛是国内四大马拉松赛事之一，每年秋冬季节举办，起点设在外滩，黄浦赛段囊括了外滩、南京路步行街、黄浦滨江等诸多上海地标性的景观和繁华的商业中心。上海国际马拉松赛的特点是完成率最高、外国选手参加最多、线路穿越城市最繁华街道等。至2019年底，已连续举办了23届。参赛者为来自世界五大洲42个国家和地区，以及中国各省、市、自治区的马拉松选手和路跑爱好者。

　　上海国际马拉松赛不仅承载着路跑爱好者的期待，更肩负着以马拉松精神推动城市精神发展的重任。借助电视直播，向世界动感呈现上海的体育名片，成为上海市民喜闻乐见，在沪国内外友人热衷参与、共享运动健康的国际化健身节日。

56 "三会"制度发挥社区居民主人翁作用

2006年3月，上海市民政局发文《上海市居民区听证会、协调会、评议会制度试行办法》，在全市推广"三会"制度。所谓"三会"制度是指在基层党组织领导下，在街道、区有关职能部门支持下，由居委会主持召集听证会、协调会和评议会的制度。

"三会"制度最早起源于五里桥街道桑城居民区。20世纪90年代中后期，桑城居民区委员会在工作中发现，政府有关部门和居委会在社区实施的实事项目和涉及社区成员公共利益的重大事项中难以得到社区居民的一致认可和支持。他们决定在作出决策之前，由居委会组织社区成员代表召开会议，广泛讨论，并提出具体意见，同时对涉及社区成员间的公益性、社会性事务以及一般矛盾、利益冲突，进行协商解决，当项目完成后，组织社区居民对实施情况进行评议。桑城小区西侧有一条百米弄堂，道路坑洼，污水横流，整天散发着恶臭。几家物业相互推诿，不肯管理。桑城居民区党总支书记魏桂花在街道党委的支持下，多次召开居委、城建、物业等人员参加的协调会，同时发挥在职志愿者的作用，终于争取到一支义务工程队的支持，他们为地面铺上了彩色地砖，透绿栅栏代替了肮脏的隔墙。协调会有效激发了基层党组织领导的群众自治活力，推动广大居民有序、高质量地参与社区建设。

21世纪初，为进一步提高群众工作方法的系统性和可操作性，五里桥街道立足居民区的创新实践，在原有"三会"的前置阶段，探索设立了包括议题征询会、民主恳谈会、监督合议会在内的新"三会"制度，即以听证会配套公示制、协调会配套负责制、评议会配套承诺制为主要形式的"三会配三制"。2017年，"三会"制度被写入新修订的《上海市居民委员会工作条例》。自此，"三会"制度在社区治理中焕发出新的生机。2018年，"三会"制度被评为全国优秀社区工作法，同年入选"上海改革开放标志性首创案例"。

居委会直选的探索实践

链接一

1999年，作为首批社区建设试验区，卢湾区在全区推广居委会干部的直接选举。直接选举居委会就是由居民直接推选居委会委员和主任候选人，再由全体有选举权的居民直接投票差额选举，而不是由居民推选代表，再由代表

◎ 2003年居委换届选举，卢湾区中一社区居民直选的会场

进行选举。整个选举过程分为宣传发动、选民登记、推选候选人、直接选举四个阶段。直接选举居委会班子，改变了过去由几十个居民代表"开开会、划划圈、举举手、鼓鼓掌"的现象，使居民群众了解了自己的民主权利和责任义务。居民们感受到实实在在的变化。

卢湾区巨五居委会有一位80多岁的老人，身边无子女照顾，平时请保姆照料生活。春节前夕，保姆突然回乡下去了，给他的生活造成了很大的困难。他写了一张条子，叫外孙女去找谢明珠。他说，这位同志我虽然不熟悉，但居委会选举时，我听过她的情况介绍，我投过她的票，印象很深刻。果然，谢明珠接到条子后，立即上门探望老人，并介绍了一位信得过的下岗工人为老人做家政服务，解决了老人的燃眉之急。直接选举居委会，改变了过去"你提名，我举手"的形式，成为候选人比工作能力、比工作实绩、比诚心爱心的真刀真枪的竞争。此后居委会干部开展工作，一定会多想一想：居民高兴不高兴，居民满意不满意，保证对党和政府负责与对居民群众负责的一致性。新当选的居委会委员们讲：不管怎么样，我们要对得起那几千张选票，要常怀为民之心，常思为民之策，常兴为民之举。要聚百姓之智慧，合民众之意见，集群众之力量，建文明之社区。

链接二

草根社团：自治家园理事会

面对纷繁复杂的居民区公共事务，如何协调处理？半淞园路街道黄浦新苑给出了答案：自2012年12月起，黄浦新苑成立自治家园理事会，活跃在居民区的各类兴趣小组、民间组织，走出"自娱自乐"的状态，开始关注社区公共事务，有序处理和有效解决各类问题。居民区党组织穿针引线，为小区里的活跃分子搭建起管理社区事务的平台。随着自治家园理事会的成立，道路整治、垃圾房改造、小区停车收费和提升物业保洁质量等公共管理事务，一件件都得到圆满的解决。理事会设立了环境保护、综合治理、文化教育、爱心福利、守望家园、资源开发等八个专委会，专委会下又设小组，各类"草根"团队根据自身特点编入小组。比如守望家园委员会，下面有巡逻小组、宠物俱乐部、爱绿护绿小组、车友会等。居民中的自发性参与资源得到很好的利用，形成共建、共治、共享的局面。

传统的社区工作，一般都靠治保、调解、计生、文教等"条线"干部去做，路

◎ 黄浦新苑邻里节活动

径也就是贴告示、请楼组长通知等自上而下的行政式工作，效果并不理想。有一回，黄浦新苑橱窗里贴出一张公告，提醒市民有一项政府实事工程：60岁以上户籍老人可以免费注射肺炎疫苗。可响应者却不多，很多老人不明白，"小孩才要计划免疫，老了还打什么预防针？"爱心福利委员会下的健康小组觉得这么好的实事，浪费太可惜，就在小区活动起来，一面联系区疾控中心专家来社区讲课，一面上门请老人听课。专家讲过之后，老人们明白了，"原来接种肺炎疫苗好处多得不得了"，第二天纷纷拿了证件去接种。

群关系连心桥
作法 架起党
探索『4＋1』工

链接三

2017年，五里桥街道成为上海市开展组团式联系服务群众工作试点单位之一。五里桥街道在全社区推进组团式联系服务群众工作，积极探索，总结经验，形成了以"组团式服务、民主化管理、区域化支撑、群众性评议"及"基层队伍建设"为核心的"4+1工作法"，深化推进社区服务型党组织建设。

五里桥街道以250户为基本单位，将整个街道划分成127个联系服务群众责任

◎ 五里桥街道志愿者为86岁老人周桂兰检修燃气灶

区，广泛动员区域内在职党员、离退休党员、入党积极分子和各类社会团体、民间组织的骨干力量，组建127支服务团队，深入辖区居民家庭摸清情况、了解诉求，提供一对一服务。坚持党组织负责人带头走访，发挥社区民警、党小组长、楼栋长、文体团队负责人等人员的作用，通过"熟人带路"，开展普遍走访。

同时推行民主化管理，建立责任区、居民区、街道"三站式"上下联动的群众诉求回应解决平台。通过弄堂议事会、居民议事日等形式，依托"三会一代理一公约"，以及现场办公、社区事务综合协调等方式，第一时间了解诉求、提供服务资源、解决矛盾和问题。做强区域化支撑，组织辖区内92家驻区单位党组织成立联席会，开展"社区—单位"双向服务项目认领、在职党员到社区报到服务等。实行群众性评议，通过意见征询、承诺公示和群众评议3个主要流程，将评议贯穿于工作始终，建立起以群众满意为导向的工作评价和反馈机制。街道每年召开部门评议会，让社区工作监督员、居民代表现场打分，督促有关职能部门和服务单位，改进工作作风，提高服务效率。完善工作保障机制，通过基层党组织书记"班长工程"，设立书记助理培养岗位，培养社会组织群众骨干，选优配强带头人，着力培养锻炼一支肯干事、能干事、群众拥护的社区工作者队伍。

57 难忘的 2007 年夏季特奥会

2007 年 10 月 2 日至 11 日，2007 年世界夏季特殊奥林匹克运动会（以下简称特奥会）在中国上海举办，市区两级全力协调配合做好赛事承办和奥运接待任务。

为办成一次最成功的、最出色的特奥盛会，黄浦区、卢湾区分别成立特殊奥林匹克运动会区执委会办公室，总体协调，统筹兼顾，牵头处理区域内各项特奥工作进展。各个部门竭尽全力，协调配合，无缝衔接每一个环节，提供全过程、全方位的服务保障，确保各项特奥工作顺利进行。

其间，黄浦区参与组织和接待 13 个国家和地区的代表团，累计接待代表团人数 900 人，并承办了特奥会轮滑比赛赛事。卢湾区接待 13 个国家共 1044 名运动员、教练员、官员等，并承办特奥会的篮球比赛赛事。

热情办特奥

当好东道主，

链接一

社区接待是特奥会一项特殊的惯例性安排，是特奥会独有的非体育竞技项目。2007 年 9 月 28 日至 10 月 1 日，在本届特奥会正式开赛之前，来自国外的运动员、教练员来到社区居民家庭，体验具有中国特色和上海风情的家庭生活，感受在这片热土上人民的深情厚谊。原黄浦和卢湾两区共 10 个社区街道，

◎ 韩国特奥运动员和社区居民一起跳舞

为接待好这批客人，整合资源，在活动内容上突出文化内涵，在项目安排上突出多样性，在活动形式上突出互动性，使社区接待内容丰富、精彩纷呈。本届特奥会中，147户居民敞开家门，邀请各国运动员和工作人员到家中做客。从细节处入手，让特奥运动员体验家的感觉，有的家庭为了做出色香味俱佳的菜肴款待客人，专门去学习厨艺。有的家庭展示多年珍藏，与特奥运动员共享收藏快乐。主人的热情好客和盛情款待，使特奥运动员充分体验家庭般的温暖。

举办2006年特奥会上海国际邀请赛篮球比赛

链接二

2006年10月16至18日，特奥会上海国际邀请赛篮球比赛在卢湾体育馆举行。

当年，上海举办特奥会上海国际邀请赛作为第十二届世界特殊奥林匹克运动会的预演。卢湾区负责承办邀请赛的篮球比赛并接待部分运动员，既为2007年第十二届世界特殊奥林匹克运动会工作积累经验，也接受国际特奥组

◎ 2006年10月特奥会上海国际邀请赛篮球比赛

织对比赛项目、场馆准备情况的评估。其间，工作人员全面落实接待方案，宣传标语、横幅、指示牌布置到位，精心组织入区仪式、欢迎宴会、社区接待等活动。卢湾区热情接待了韩国特奥会代表团，给韩国客人们留下了美好难忘的印象。

2006 年 10 月 16 日至 18 日，篮球比赛在卢湾体育馆举行。来自菲律宾和中国江苏、浙江、上海的 7 支参赛队共 60 名运动员参加了比赛，经过 3 天共 6 轮 18 场比赛，特奥运动员表现出了勇敢参加、顽强进取的良好精神风貌，7 支参赛队的运动员均获得了奖牌，充分体现了特奥运动的广泛性和参与性。在这一年的特殊奥运会上海国际邀请赛上，卢湾区运动员陆耀斌代表国家队参加了举重项目的比赛，取得了 2 块金牌；卢湾区的 5 名运动员代表国家队参加了乒乓球项目的比赛，取得了 6 金 2 银的好成绩。

58 上海外滩金融集聚带

2009 年 5 月 8 日，沪府发（2009）25 号《贯彻国务院关于推进上海加快发展现代服务业和先进制造业建设国际金融中心和国际航运中心意见的实施意见》的文件中，第一次把外滩金融集聚带纳入金融集聚区的规划和建设中。

外滩金融集聚带北起苏州河南岸，南至陆家浜路—外马路，东临黄浦江，西到河南中路—人民路—中华路—桑园街所围合的区域。区域总用地面积约 2.6 平方公里，滨江岸线长约 4.8 公里，是上海最具活力的黄金水岸线，具有发展金融业的坚实基础和优势条件。

2010 年 7 月，黄浦区政府制订《上海外滩金融集聚带建设发展纲要（2010 年—2020 年）》，提出要紧紧围绕上海 2020 年基本建成国际金融中心的战略目标，按照上海金融业"一城一带"（即陆家嘴金融城和外滩金融集聚带）的区域发展格局，以"重塑金融功能，重现金融风貌，重树金融品牌"为核心，坚持功能开发与基础开发相结合，注重地下和地上空间整体开发，积极引进以金融为核心的现代服务业企业，加快产业结构的优化升级，促进功能的全面提升，切实增强可持续发展能力与核心竞争力，使外滩金融集聚带成为上海国际金融中心建设的重要支撑。还配套推出"加快推进外滩金融集聚带建设的实施意见"25 条。

作为上海国际金融中心的核心功能区，外滩金融集聚带现已基本形成与陆家嘴金融城错位互补、协同发展的格局。

外滩金融广场

『金融牛』亮相

链接一

2010 年 5 月 15 日，被誉为中国版"华尔街公牛"的金融牛亮相上海外滩金融广场，这头充满活力的"金融牛"是华尔街金融牛的创作者阿图罗·迪·莫迪卡先生依照外滩乃至上海的文化设计并创作的。这头牛被塑造得年轻、强壮，富有活力。在中国，牛寓意着坚韧勤奋、富足祥瑞，它又是以物易物原始交易中最早的等价物之一，是原始货币的起源。设计师在设计上融入了一些中国元素和自己对于外滩的理解。相比黄铜色的华尔街公牛，高约 3.2米的外滩金融牛通体呈现出红铜色，线条深邃，肌肉结实，牛眼圆睁，头部转向右边，牛尾则卷曲上扬，呈螺旋状蜿蜒指向天空，四肢强健有力，尾巴高高翘起，头

◎ 外滩金融牛

也微微上仰，一副蓄势待发的模样。这尊象征金融的外滩牛被称为华尔街牛的孪生牛，隐喻着外滩作为东方华尔街曾经的辉煌以及未来再造辉煌的渴求。外滩牛是上海外滩金融广场的标志，它落户外滩后成为继上海市人民英雄纪念塔和陈毅雕像之后，外滩的又一标志性雕塑。

除了外滩金融牛之外，黄浦区境内还有新金融研究院、外滩金融家俱乐部和金融博物馆等文化金融项目，金融发展的文化环境逐步提升，对于重新塑造外滩金融品牌和打造上海金融中心的国际影响力，推动外滩金融文化生态环境建设功不可没。

链接二

人民币跨境支付系统（CIPS）落户外滩

2015 年，人民币跨境支付系统（Cross-border Interbank Payment System，简称 CIPS）落户外滩。人民币跨境支付系统是由中国人民银行组织开发的独立支付系统，为境内外金融机构人民币跨境和离岸业务提供资金清算、结算服务，是我国重要的金融基础设施。2015 年 7 月 31 日，CIPS 的运营机构跨境银行间支付清算有限责任公司（CIPS Co.，Ltd.，简称跨境清算

◎ 外滩15号中国外汇交易中心大楼也是CIPS的办公所在地

公司）在上海市黄浦区正式注册成立，同年 10 月，该系统一期成功上线运行。

　　CIPS 的落户是黄浦区打造金融基础设施、功能性平台集聚的金融服务高地又一举措。至 2019 年上海有国家级金融基础设施 13 个，其中上海清算所、上海黄金交易所、中国外汇交易中心、人民币跨境支付系统（CIPS）、上海票据交易所等均集聚在黄浦。在人民币国际化和金融体制改革深入推进的背景下，这些金融基础设施和功能性平台的落户，对于黄浦区把握上海建设全球人民币基准价格形成中心、资产管理中心和支付清算中心的重大机遇，围绕高层次金融市场的完善以及新兴金融市场的发展，进一步发挥黄金、外汇、票据等要素市场的引领作用，以全球人民币跨境支付体系建设为核心，以人民币衍生的业务创新及清算功能为重点，全面服务场外场内多层市场、功能重要的金融市场体系建设，助推黄浦金融服务业发展壮大发挥了重要作用。

59 精彩的中国上海世博会 D、E片区

2010 年 4 月 30 日 20 点，第 41 届世界博览会——中国 2010 上海世界博览会开幕，黄浦江两岸上演多姿多彩的灯光喷泉烟火表演，用一场壮观的视觉盛宴迎接 2010 上海世博会。

上海世博会占地面积 5.28 平方公里，其中浦西部分 1.35 平方公里。世博园区浦西部分位于原黄浦区和卢湾区境内，有 D、E 两个片区，占地面积 75 万平方米，总建筑面积 20 万平方米，其中展馆面积 11 万平方米。区域内有世博博物馆、综艺大厅、城市足迹馆、世博会浦西管理中心、江南广场以及 18 家企业自建馆等主要场馆及配套设施。18 家企业馆分别为：上汽集团—通用汽车馆、震旦馆、太空家园馆、中国航空馆、中国石油馆、国家电网馆、信息通信馆、中国铁路馆、万科馆、可口可乐馆、上海企业联合馆、远大馆、日本产业馆、中国船舶馆、民营企业联合馆、韩国企业联合馆、中国人保企业馆和思科馆。

位于 E 片区的城市最佳实践区是上海世博会园区里的一大亮点，占地面积约为 15 公顷，南临黄浦江。它是世博会历史上的一个创举，使城市首次能够直接参与世博会。实践区汇聚了全球 50 个优秀城市案例而有世博会"展中展"之称，展示内容涉及四个领域，分别是宜居家园、可持续的城市化、历史遗产保护和利用、建成环境的科技创新。它为城市发展、管理、规划、建设领域的最佳实践提供全球层面上的展示、交流和推广平台，将对城市未来发展产生积极影响。

世博会后，实践区是为数不多的得到完整保留的区域。为延续世博会"美好城市"的理念，践行上海"设计之都"的规划路径，实践区的未来发展以文化创意产业为核心，着力加强产业聚集、创意设计、产品体验和国际交流四类功能的优化和提升，建设具有世博特征和上海特色的文创产业街区。

世博拆迁户"一步跨出几十年"

链接一

2002 年，上海成功获得 2010 年世博会举办权。此后，各项准备工作快速而有序地展开，世博会场馆所在地的搬迁是其中一项重要工作。2005 年世博基地动迁工作启动，卢湾区动迁居民 2110 户，同年 12 月 30 日完成，在全市率先完成世博园区动迁任务。原黄浦区动迁居民 8191 户，次年 12 月 29 日完成。

◎ 欢送世博动迁居民

上海世博会园区动拆迁是上海有史以来动拆迁量最大的单体市政工程，是世博会150多年历史上规模空前的建设项目。世博会规划范围内居民动迁定向安置基地设在浦东新区三林镇和闵行区浦江镇。位于闵行区浦江镇的浦江世博家园主要安置原黄浦和卢湾两区的半淞园、董家渡、五里桥街道动迁居民。世博会原址上的那些居民住宅在上海是居住非常困难的一个区域，棚户简屋相当集中，居民的生活条件比较恶劣。通过这次动迁，这部分居民的居住条件得到了极大改善。世博会的动迁工作得到了99%以上动迁居民的支持和理解，有居民表示："在老房子的阁楼上住了40多年，要不是遇到世博会，住这么惬意的房子一辈子都不敢想。"2009年初，浦西世博园区建设工作全面启动，于次年4月完成。

开放 博物馆正式 上海世博会 _{链接二}

2017年5月1日，世博会博物馆正式开放运营。世博会博物馆位于黄浦江畔原上海世博会浦西园区，由旧厂房改建而成，占地4公顷，总建筑面积为46550平方米，共有8个常设展厅，3个临时展厅，分别展示世博会150多

◎ 上海世博会博物馆

年的历史、历届世博会的精彩作品，以及申办、参与和运筹世博会的内容等。

2010 年 11 月 23 日，上海市政府与国际展览局在法国巴黎正式签署《世博会博物馆合作备忘录》，明确世博会博物馆是国际展览局唯一官方博物馆和官方文献中心。世博会博物馆项目作为上海市"十二五"规划期间的重大文化设施建设项目，于 2013 年 12 月 30 日正式开工建设，并被连续列为 2014 年、2015 年上海市重大工程，2017 年 5 月 1 日建成开放。

世博会博物馆以传承世博遗产、发扬世博精神、保存世博精髓为宗旨，全面综合地陈列展示中国上海世博会盛况，介绍 1851 年以来世博会历史发展及 2010 年以后各届世博会举办情况，并为与世博会相关的国际文化交流和科技创新提供平台，成为服务国际社会的世博文化知识库。世博会博物馆是迄今世界范围内唯一一个关于世博会的博物馆，也是上海一座新的地标性文化建筑。

60 上海首个"区域医疗联合体"启动

2011 年 1 月 28 日，"瑞金——卢湾区域医疗联合体"试点启动。标志着上海公立医院改革在创新城市医疗服务体制、机制，纵向整合医疗资源、更好方便群众就医上跨出实质性的第一步。

1999 年，卢湾区中心医院与瑞金医院合作，更名为瑞金医院卢湾分院，引进瑞金医院的管理和技术，使分院医疗服务水平明显提升。2010 年，卢湾区被确定为上海市公立医院改革的试点区，在瑞金医院和瑞金分院长期合作、前期医疗资源纵向整合的基础上组建由瑞金医院、瑞金分院、东南医院和 4 个社区卫生服务中心（五里桥街道社区卫生服务中心、打浦桥街道社区卫生服务中心、淮海中路街道社区卫生服务中心、瑞金二路街道社区卫生服务中心）组成的"瑞金——卢湾区域医疗联合体"。2011 年 1 月 28 日，瑞金——卢湾区域医疗联合体试点启动暨签约仪式举行，4 月 13 日，上海"瑞金——卢湾区域医疗联合体"理事会成立，成为医联体的最高决策机构。

建立联合体后，社区居民可以签约在联合体内就医，也依然可以持医保卡在上海市各医院就医，但在联合体内签约就医可以享受诸多好处：如签约居民可享受联合体建立的包含一、二、三级医院诊疗信息的健康档案；凡是签约居民可享受相对优先的门诊、住院转诊通道，可在社区预约到专家门诊、在社区卫生服务中心预约大型检验检查等。建立区域医疗联合体不是医疗机构简单的叠加，而是为了加强不同级别医疗机构之间的分工合作、促进整合协同，减少医疗资源的浪费、提高效率、巩固和提高预防工作，进而为群众提供方便价廉有效的医疗服务。

『瑞金——卢湾区域医疗联合体』临床检验诊断中心启用

链接一

2014 年 7 月 30 日，"瑞金——卢湾区域医疗联合体"临床检验诊断中心正式启用。该中心设置于瑞金医院卢湾分院内。启用后，医联体中的瑞金二路、淮海中路、打浦桥、五里桥 4 个街道社区卫生服务中心仅保留血常规、尿常规等简单检验项目，其他检验任务全部交由医联体临床检验中心检测，瑞金医院部分放射免疫项目也委托医联体临床检验中心检测，所有标本通过专业物流配送，检验要

◎ "瑞金—卢湾医疗联合体"临床检验中心

求及规范与瑞金医院的各项标准保持一致。因技术原因无法完成的分子诊断学等项目由瑞金医院检验科负责。患者的检验标本被送往瑞金医院卢湾分院，并依据"瑞金标准"得出检验结果，但患者的医疗支付行为依然发生在社区，报销比例也按社区标准。这真正实现了在社区享受三级医院的化验诊断标准与资源。"瑞金——卢湾区域医疗联合体"临床检验诊断中心的启用标志着瑞金医院卢湾分院作为"瑞金——卢湾医联体"中的"枢纽站"角色日趋明显，黄浦西片区医联体向纵深发展。

正式揭牌 上海瑞金康复医院

链接二

2015年8月4日，"瑞金——卢湾区域医疗联合体"7家成员之一的黄浦区东南医院经投入、改造，挂牌成为拥有约150张病床的"上海瑞金康复医院"，第二冠名上海市黄浦区东南医院，是一所集医疗、护理、科研、康复、保健于一体的二级综合性医院。

东南医院前身为卢湾区医院，创建于1957年，1993年11

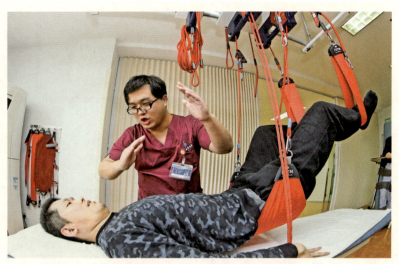

◎ 瑞金康复医院治疗师指导患者进行运动步态的控制，锻炼肌肉力量

月与五里桥地段医院合并，更名为东南医院。东南医院的诞生是卢湾区委、区政府为满足卢湾区东南块人民群众医疗和健康的需求而实施的为民实事工程的结果。它改变了卢湾区的东南方向没有一定规模综合性医院的不合理布局，给周围人民群众就近享受医疗服务提供了方便。

随着社会逐渐老龄化，康复医学的需求量正越来越大，加上人们生活水平的提高和观念的转变，对康复水平也提出了更高要求。上海瑞金康复医院依托医联体核心单位瑞金医院康复医学科的医疗技术力量和科学管理理念，承接瑞金医院神经内科、骨科以及外科术后的康复职能，以缓解大型医疗机构就诊压力，提高其床位周转率。

61 格致中学落户奉贤南桥新城

2012 年 11 月 28 日，上海格致中学奉贤校区在南桥开工建设。格致中学奉贤校区是根据上海市教育均衡化发展的要求，由黄浦区人民政府和奉贤区人民政府联合创办的。

格致中学前身为"格致书院"，始建于 1874 年，由李鸿章倡议，近代著名化学家徐寿和时任英国驻沪总领事麦华佗联合创办。它是我国近代最早开办的中西合办、最先传授西方自然科学知识、培养民族科技人才的新型学堂之一。一百多年来，格致中学为国家培养了大批优秀人才，并以高水准的办学质量享誉海内外。学校还是上海市首批市重点中学，上海市首批实验性示范性高中。

2011 年，根据上海市教育均衡化发展的总体要求，奉贤和黄浦两区政府联合创办格致中学奉贤校区。学校选址奉贤区南桥新城中心区域，总用地面积 86651 平方米，由奉贤和黄浦两区共同建设，于 2012 年 11 月 28 日开工。该校区办学规模为 36 个班，是一所寄宿制公办高级中学，与格致中学本部实施"教育资源共享，教学管理同步，整体综合联动"的一体化运作。2014 年，新校区历时两年建设完工，同年 9 月开学，首批招生 120 人。

除格致中学，黄浦区境内向明中学也积极响应上海市教委关于加强合作办学、推进教育均衡发展的号召。2006 年，闵行区浦江镇世博家苑向明世博中学开学。2009 年，向明中学浦江校区开学。

从『配给式』到『供给侧』——大同中学课程改革

链接一

上海市大同中学，初名大同学院，由胡敦复先生及"立达学社"同仁抱着"教育救国""科学救国"的理想于 1912 年创办，1956 年改为公办学校，1959 年成为上海市重点中学，2005 年被命名为首批上海市实验性示范性高中。

1984 年，大同中学高二学生洪光磊撰文《幻想?!》，参加华东六省一市作文竞赛并获一等奖。她在文中写道："将来去办一所新学校，每天上午统一上课，下午各人去追求各人的爱好。或许这只是幻想罢了，只能寄希望于未来。但我们的愿望是能够实现的。"读到这篇文章后，

◎ 大同中学老师指导学生音乐编曲

大同中学的校长和教师们感触颇深。学生的"幻想"成为学校改革的原动力，时任校长王孟珏提出"看破红尘，全面裁军"的口号，学校于 1987 年在全市乃至全国率先开展"减少必修课，增设选修课、加强活动课"的高中课程整体改革实验。三年时间里，减少语数英等必修课的课时，新设了 48 节选修课以满足学生个性化的教育需求，打破了大一统模式。

1995 年，大同中学在全市率先试行学分制管理，规定学生毕业时所要达到的最低学分量和各门课程的学分值，将必修课、选修课、活动课三大类课程都计入学分，鼓励学生学有特长、个性发展。2008 年，大同中学提出并开展"学校课程统整"实验，将原先的课程细分功能、统整结合，划分成三个层次，重新构建了学校课程总体方案，形成由基础必修课程、选择拓展课程、自主发展课程三个层次组成的新的课程结构。

大同中学课改始终与时俱进，紧扣时代脉搏和育人主旋律，把课程改革作为促进学校发展的系统工程，提升了学校发展内涵，也铸就了具有影响力的大同课程改革品牌。

链接二

创造教育

改变传统课堂教学方式——向明中学

上海市向明中学是沪上百年名校，学校由著名爱国教育家马相伯先生于 1902 年创建，1952 年正式更名为向明中学。1959 年被命名为上海市重点中学。2005 年上海市教委命名向明中学为首批上海市实验性示范性高中。

20 世纪 80 年代开始，学校启动创造教育实践探索。从最初的课余时间的小创造、小发明、小制作，到创造教育进入课堂、纳入课程，从实验班试点到全校推广，面向全体学生开展创新教育，进而研究构建创造教育核心课程，逐渐形成创造教育课程群。向明中学还辟出一幢大楼，将其改建为学生"协会楼"，楼内开辟出学生社团活动场所和各种自主实验室。每天下午 3:30 以后，向明中学全校停课，学生便冲进"协会楼"组织学生社团活动或者进行课题研究。学生协会在学生的自主经营下蓬勃发展，他们组织各种讲座、研讨、参观、访问、信息交流等活动。学生根据爱好特长，自主加入。在"协会楼"做课题改变了传统课堂教学方式，志同道合的同学一起完成共同课题，学生在这里感受头脑风暴、智慧冲击和灵感的迸发。

◎ 向明中学机器人社参加2018VEX机器人世界锦标赛并获得亚军

62 外滩新金融行业峰会精彩纷呈

2013 年 6 月 2 日，首届外滩国际金融峰会举行，峰会的主题为"金融生态与上海战略"，探讨新经济形势下金融中心建设、实体经济及虚拟经济发展的诸多热点问题。峰会由黄浦区政府、亚布力中国企业家论坛、复星集团三方合作，马云、王石、陈东升、马蔚华、美国前财长盖特纳等出席。2014 年，外滩国际金融峰会永久落户外滩金融中心（BFC）。外滩国际金融峰会着重关注"资产管理中心""资本运营中心"和"金融服务中心"三大中心，其特色是以新金融为主导的业态，聚焦互联网金融、金融新业态、人工智能等领域，其影响力不断扩大，逐渐发展成为金融界和实体经济沟通交流，民企、国企、外资机构同台论道，为上海国际金融中心建设和外滩金融创新试验区献计献策的重要平台。

为助推外滩金融创新试验区建设，黄浦区政府联手金融智库、行业组织、持牌金融机构等加强对互联网金融产业理论、行业标准、管理服务等课题研究，先后成立上海新金融研究院、复旦泛海金融学院，打造互联网金融外滩峰会、外滩金融法律论坛等专业化论坛品牌，发挥专业领域学术研究辐射功能，不断放大外滩金融创新试验区的政策效应和宣传效应。

新金融的舞台

链接二

2013 年 7 月 20 日，为服务上海国际金融中心建设，承接市政府金融创新试验区建设任务，黄浦区编制全市第一个促进新金融发展的纲领性文件《黄浦区关于建设外滩金融创新试验区的十大举措》，提出将在金融集聚带建设以互联网金融和民营金融为主体的外滩金融创新试验区，具体举措包括：一、打造互联网金融集聚区；二、打造民营金融集聚区；三、创新小微企业融资机制与平台；四、加快外滩金融载体建设；五、支持外滩金融创新；六、提升服务金融创新人才的水平；七、优化多层次金融配套服务功能；八、营造良好的金融创新发展生态环境；九、提升服务金融创新的行政效能；十、建立金融创新风险防范机制。

9 月，黄浦区出台《黄浦区关于建设外滩金融创新试验区的实施意见》，允许互联网金融的"领头羊"企业以及先行先试者在企业名称中使用"外滩"字样。此后，黄浦区相继出台《黄浦区关于进一步促进互联网金融发展的若干意见》（2014 年）、

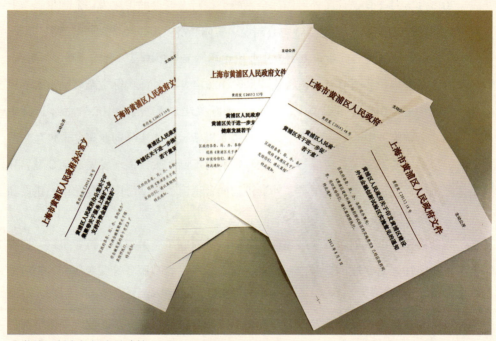

◎ 黄浦区制定的新金融政策

《关于进一步支持互联网金融健康发展的若干意见》（2015 年）、《黄浦区关于鼓励普惠金融创新发展的实施意见》（2016 年）等，不断优化外滩金融创新试验区投资环境，营造金融业发展良好生态，引导和鼓励金融业发展，继续保持外滩金融创新试验区在新金融领域的领先地位。

<table>
<tr><td>户黄浦 联网保险机构落 中国首家持牌互</td><td>链接二</td><td>自黄浦区建设外滩金融创新试验区以来，网络银行、网络保险、网络证券等持牌金融机构加速在区域内集聚。在引入新金融企业过程中，黄浦区着重发展"功能性驱动的新金融"，与国家、上海金融改革开放、先行先试相衔接的金融基础设施、功能性新机构，如支付体系、金融智库、行业组织等，重点扶持财富驱动、技术驱动和普惠需求驱动的新金融，如与资产管理需求增长相衔接的全球跨</td></tr>
</table>

◎ 众安在线财产保
险股份有限公司

境投融资中心和财富管理中心，吸引创新型金融机构、先进金融科技公司集聚。

2013年11月6日，众安在线财产保险股份有限公司在外滩源开业，这是国内首家由保监会批准设立的互联网保险公司。众安在线由阿里巴巴马云、中国平安马明哲、腾讯马化腾联手设立，注册资金10亿元，注册地在上海外滩金融创新试验区，业务范围包含与互联网交易直接相关的企业/家庭财产保险、货运保险、责任保险、信用保证保险等。除众安在线财产保险有限公司，黄浦区还有国内第一个网络金融征信系统（NFCS），首张股权众筹牌照公司"蚂蚁达克"，各种创新型"互联网+"金融企业，财富管理类机构，公募基金、融资租赁、商业保理等新金融类型和重点企业相继落户。自2013年以来，黄浦新金融发展势头良好，新金融的营业额每年以20%—30%的增长速度发展，对黄浦经济的贡献度持续提高。

63 上海城市草坪音乐会

2014 年 4 月 19 日，"上海城市草坪音乐会"首场演出在上海音乐厅西侧的广场大草坪上奏响。音乐会由黄浦区与上海交响乐团联手打造，著名指挥家、上海交响乐团音乐总监余隆先生执棒，为现场观众呈现了一场高雅音乐大餐。

"上海城市草坪音乐会"是黄浦区全新推出的高雅艺术惠民利民公益性演出的一项重要举措，不仅吸引聚集国内外优秀演出资源，让高雅音乐走出殿堂，融入普通市民的城市生活，并且挖掘音乐新生力量，培养年轻的本土原创音乐人才，激发本土音乐文化的持续性发展，因此也是黄浦区打造"政府主导、社会参与、市场运作、群众受益"公共文化服务运作新机制的积极探索。

举办音乐会的广场大草坪由黄浦区在 2013 年进行改建，工程历时 1 年多，改建工程完善了绿地布局，新建了公共服务设施，优化了项目的景观效果。新建成的场地以 5000 余平方米的草坪为观众席，同时特意增加了草坪坡度，类似于剧院内座位的高低错落安排，便于观众视线无遮挡地观看演出，适应于举办风格多样的草地音乐会。

比起室内的正襟危坐，户外音乐会崇尚随意、轻松，注重与自然的交融、与城市的互动，更重要的是与好友与家人的温馨相处。正是这样的形式，使上海城市草坪音乐会广受市民喜爱，自 2014 年首场演出至 2019 年，为广大市民奉献了近两百场精彩的音乐演出，吸引观众近 30 万人次。

文化进滨江『经典慢生活』

链接一

黄浦滨江在 2017 年 6 月底实现全程贯通、全线开放后，8.3 公里的滨江岸线以全新的面貌展现在市民面前。在实现贯通的基础上，黄浦区逐步提升公共空间的品质、文化内涵和功能，满足市民群众生活、休闲、艺术等需求。

2017 年 7 月 1 日，以"黄浦滨江欢乐共享"为主题的 2017 黄浦区畅行浦江健身跑在黄浦公园开跑。来自黄浦区机关、楼宇企业、金融企业、街道、社区的 3500 多人参加活动。此次健身跑活动是黄浦滨江贯通开放后的首次大型活动。此后黄浦滨江相继开展了"八一"军民跑、文化周周演、林肯爵士乐专场秀、浦江生活节、上海国际马拉松赛等多场大型活动。

◎ 2018年"经典慢生活·文化进滨江"文化配送活动

　　同时，以艺术为引领，以公共文化资源配送为举措的"经典慢生活·文化进滨江"主题活动开演。自7月1日开始连续4个周五晚上，黄浦区文化馆配送了5场区公共文化资源配送专场演出，涵盖音乐、戏剧、曲艺、东方舞、杂技魔术等多种艺术形式，相继呈现在南园滨江的舞台上，为全新的滨江公共空间注入雅致的文化内涵，为亲临水岸的市民朋友增添独属于文化的一抹清凉。至2019年该活动已持续三年如期举办，为全新贯通的黄浦滨江注入了文化的活力与魅力，助力滨江公共空间生活品质的提升，成为市民可参观、可学习、可沉浸、可休憩的公共文化空间。

　　滨江岸线贯通开放本身是为了重塑这座城市的公共生活，重新发现这座城市，重新让城市与人建立连接，并最终通向一个真正美好而富有魅力的卓越之城。

链接二

打通公共文化服务『最后一公里』

2014 年 9 月，黄浦区成立公共文化资源配送中心，由区文化局为区级公共文化资源配送的责任主体，区文化馆为组织主体，各社区文化活动中心为承接主体，统筹协调公共文化资源配送网络布局，保障市民享受公共文化的权益。

为了更好地打通公共文化服务"最后一公里"，使黄浦区 182 个居委会的市民均能享受到就近便利优质的公共文化服务，黄浦区公共文化资源配送中心不仅在结构和内容上做了增加和扩充，将适合社区环境和居民喜闻乐见的各类文化活动送进居委，更是在完善工作机制、加强服务意识和提高服务质量等方面做了进一步的提升；区级图书馆为居委提供图书管理和流通业务方面的前期指导，根据各居委的实际情况，定制不同类型的图书组合套餐配送至各居委综合活动室；各街道及社区文化活动中心也积极挖掘整合各类资源，丰富基层公共文化服务内容。

2018 年全年，上海市和黄浦区两级配送总受益市民 166545 人次。各街道向基层配送各类活动 312 场。其中，文艺演出 43 场、特色活动 200 场、文化讲座 32 场、艺术导赏 7 场、展览展示 1 场、电影 29 场，文艺指导 107 课时。

◎ 2017年市民文化节期间，黄浦区公共文化配送中心在外滩社区文化活动中心举办市民艺术培训活动

64 共绘区域化党建"同心圆"

2015 年 10 月 27 日，黄浦区召开区域化党建联席会议成立大会。会上明确黄浦区党建联建采用项目化运作方式，每年结合实际，聚焦区域经济社会发展重点、居民区群众急难愁问题，确定若干个工作项目，共同推进落实，通过党建联建、资源共享、优势互补，把隶属不同系统、掌握不同资源的党组织，联系成为紧密型的党建共同体。

五里桥街道党工委以区域化党建为引领，推出"双向联系、双向服务、双向受益"的"双向认领"机制，通过建立"资源清单""需求清单""项目清单"，组织开展"双向认领"，促进区域内各类资源与服务需求精准有效对接。这一做法在全区得到推广，还扩大到对口支援地区和人才建设领域，通过动员各成员单位，发动更多的力量认领对口支援地区项目，让区域化党建成果惠及贫困地区群众。通过双向交流挂职锻炼，拓展人才历练渠道。

此外，瑞金二路街道推出"瑞金文化微空间"，整合上海文化广场、上海昆剧团、科学会堂、上海市新闻出版局、电影发行放映行业协会等驻区单位，以及"两新"组织的优质文化资源，对所有辖区单位开放。南京东路街道依托区域化党建，举办"政企沟通、社区共建圆桌会议"，通过党建引领，搭建政府相关职能部门与驻区单位、"两新"组织面对面交流的平台，促进政府、楼宇、企业、社区之间互联互动，提升营商环境、深化社区治理。

很『时尚』 商圈党建可以 链接一

2018 年 7 月 5 日，淮海中路街道党工委发布"淮海中路街道推进新时代楼宇社区党建行动方案 20 条"，提出探索在党建片区和标志性楼宇分别成立联合党委、在片区推动成立"企业发展促进会"等一套楼宇社区党建工作体系，促进党建融合共生，增强城市基层党建引领发展的活力。

淮海路商圈商业企业集聚，高端商务楼宇林立，淮海中路街道党工委经过多年努力实践与探索，创建了"淮海＋"党建工作品牌，先后培育了普华永道、浦江控股、安利上海分公司、富士施乐等"两新"企业党建特色品牌。在新时代背景下，街道党工委进一步提出楼宇社区党建一揽子的整体解决方案"行

◎ 2017年9月，企业天地党群服务站白领参加零基础油画体验

动方案20条"，不仅仅着眼于单幢商务楼宇，而是商务楼宇集群，在标志性楼宇成立"联合党委"，在其他楼宇推动成立"楼宇党建促进会"。

2018年底，新天地商圈联合党委、领展企业广场联合党委、无限极和企业天地五号楼党建促进会相继成立。领展企业广场1921室成为新天地商圈联合党委主阵地；企业天地楼宇党建（群团）服务站联合领展企业广场业主方、物业管理方推出"楼宇小伙伴计划"项目，陆续组织了"以书会友"分享活动、《幸福的方法》交流会，以及拓印古风笔记本DIY手工艺活动等。楼宇关系由"互不相识"转为"融合协作"。

唱响红色记忆 『党建＋音乐会』 链接二

2019年"七一"前夕，在国歌唱响的地方——黄浦剧场，南京东路街道党工委举办"不忘初心忆峥嵘，牢记使命跟党走——党建＋音乐会"，庆祝中国共产党建党98周年，迎接中华人民共和国成立70周年。"党建＋音乐会"以《义勇军进行曲》为切入点，通过曲目导赏、史实解说、影片播放和现场表演为党员们讲解《抗敌歌》《长城谣》《我和我的祖国》等经典力

◎ 2019年6月25日，南京东路街道"党建+音乐会"

作，深入浅出地阐释了音乐在中国革命和建设发展历程中发挥的作用，重温自20世纪20年代至今党的历史，将党课教育和音乐艺术有机融合，诠释党的宗旨，再现党的奋斗历程，赞颂党的辉煌业绩，让人们从音符里感受澎湃的激情，从旋律中激起不懈奋斗的精神。党课通过线上领取入场票的方式，面向广大党员，一天之内就被"秒杀"。

南京东路街道有着悠久的历史文化底蕴和丰富的红色资源，街道坚持加强党建引领下的社区治理，构建自治、共治、德治和法治一体的基层治理格局，发挥长期以来在"以德治理"方面的优势和传统，把"德治"有机融入到社区治理理念，持续深化"零距离家园"建设，强化体制内外动员，促进社会协同，形成具有南东街道特色的"四治"融合格局。通过加强联动互融、合作共赢，形成了区域化党建聚能增色、共建齐推的良好氛围。

65 重塑老城厢

2016 年 7 月，中共上海市黄浦区委一届十二次全体会议通过了《关于加强城区规划建设管理重塑老城厢的实施意见》，明确重塑老城厢的城市更新理念，将底线约束、内涵发展、弹性适应的理念全面融入"补短板"中，实现功能提升与民生改善、风貌保护与活力彰显、延续文脉与留存记忆的有机统一。这是黄浦区历史上一场规模最大、难度最大、力度最大、改善最大的老城厢整治行动。

"重塑老城厢"行动划分为补短板、治顽症、惠民生三大板块，由此归纳梳理 3 大类 18 项任务：一是顽症整治类：拆除违法建筑、整治群租、整治无证无照经营、消除安全隐患、整治交通秩序、整治马路设摊与跨门营业等；二是日常管理类：包括制定整治区域整体规划设计方案、制定老城厢区域整治和管理工作标准、组织课题调研、探索联勤联动运作模式、整治工作案例研讨、开展居民自治等；三是服务民生类，包括房屋修缮工程、平安工程、市政道路建设、居民生活服务站工程、绿化景观工程、管线水道工程等六大工程。

2015 年下半年，上海市部署全市补短板、治顽症"五违四必"环境综合整治工作。2016 年，将老百姓反映最强烈、矛盾最突出的黄浦区豫园、小东门老城厢 20.8 万平方米区域（东至中华路、南至复兴东路、西至三牌楼路、北至方浜中路的围合区域）作为市级治理重点区域和治顽症、补短板的突破口。同时，黄浦区各街道明确划定 1 个区域为区级治理重点，并各自明确若干街道层面的治理重点，从而形成 2016 年"1+10+X"的环境综合治理任务，完成治理区域面积 275.4 万平方米。2017 年，黄浦区将生态环境治理扩展到复兴东路以南，划定区域为 44.8 万公顷。11 月，作为黄浦区老城厢综合环境整治最后一块的文庙区域综合环境整治工作启动。

老城厢是我们城市的"根"。重塑老城厢，不仅仅是简单的环境整治，更要把属于老城厢的美好的东西挖掘出来。这种对"根"的情义，让老城厢综合治理工作平添一份对于老城厢文化和人情味的珍视，也让老城厢今天的生活获得一种不乏惊喜的"重塑"。

◎ 聚奎新村前排整治前后

链接一

脱胎换骨的聚奎新村

聚奎新村始建于 20 世纪 60 年代，属于直管公房。由于居住人口众多、居住条件有限，居民们为解决局部住房困难，相继进行违法搭建。在 309 户居民当中，有 285 户居民家中存在违法搭建，违法建筑覆盖率 85.2%。经上海建科院房屋质量检测站专家检测确定，聚奎新村房屋结构自然老化、损坏，再加上多年搭建的大量违法建筑，存在严重的房屋安全隐患与重大消防安全隐患，对居民生命财产构成直接威胁。

2016 年，由小东门街道、黄浦区房管局和公安分局消防支队及区法制办等部门成立聚奎新村房屋排险解危和居民应急避险工作领导小组，由政府出资安排居民暂时搬离过渡，在拆除违建的同时配套实施厨卫、水电管线等改造工程。3 月 15 日，黄浦区 6 个委办局对聚奎新村联合下发通告：排险避危，对房屋进行拆违、加固与修缮，并要求全部人员暂时撤离，搬迁工作正式开始。小东门街道和南房集团组织动员 50 余名机关干部、管理人员和居委干部开展居民的签约搬离工作。4 月 6 日晚，完成居民同意搬离签约率 100%，搬离率 90.5%。聚奎新村加固改造工程正式开始。5 月中旬拆违工程基本结束，8 月底加固工程完成，9 月中旬改造的 10 排房屋全部实现结构封顶。2017 年 1 月初完成配套设施建设及安装，同月 19 日居民开始回搬。至此，聚奎新村排险解危工作全面完成。

聚奎新村的成功实践为老城厢地区的城市更新提供全新视角，这是在旧改范畴之外，对老城厢地区的整体文化肌理保护，对群众居住环境改善的迫切需求的有力回应。

◎ 2016年9月15日，小东门街道"邻里屋里厢"建成开放

链接二

『邻家屋里厢』

2016 年 9 月 15 日，小东门街道"邻家屋里厢"建成开放。它是小东门街道围绕泛东街地区环境综合整治中居民群众的实际生活需要而实施的民生实事项目，现已成为小东门街道集便民生活服务与为老专业服务于一体的综合为老服务中心。

服务站总面积 1300 平方米，一层于 2016 年 9 月下旬投入使用，服务辐射中华、西姚两个居民区 3800 户家庭，提供集中式家庭生活服务、老年日间照护服务、社区公共活动服务，建有家庭式灶间、公共厨房、公共餐厅、家庭式卫生间、独立助浴间、公共洗衣房、全科医生工作室、老年日间照护中心、康复室、便民服务区、公共晾晒区、食品快检区、接待休息区 13 个功能区域。二层于 2017 年 5 月建成开放，设有互动体验区、老年信息咨询室、心理舒缓室、休闲吧、老年俱乐部、乒乓室、健身室、舞蹈室、多功能厅、开放交流区 10 个功能区，以健康、友好、宜居、人文为理念，为健康老人和需要照护支持的老人提供多功能综合服务。

"邻家屋里厢"全年无休，沐浴、厨房、卫生间、活动室等服务设施全天候开放，运营不到 3 年，"邻家屋里厢"已经服务居民 10 万多人次。通过家庭自助、邻里互助、志愿服务、社会组织运作相结合，大家共同参与维护社区环境和服务站的场所设施，使社区居民既有获得感也有参与感，共同营造社区居民大家的"屋里厢"。

城厢添温度 『微更新』为老

链接三

2017 年 10 月底，有着近百年历史的西成里"微更新"主体部分完工，还原了历史风貌。西成里作为黄浦衡复历史文化风貌区规模较大的石库门里弄住宅保护与"微更新"实践示范区，是社区共治自治的良好实践探索。

西成里位于淮海中路街道西成社区，始建于 1926 年，为新式里弄和二级旧里混合的旧式里弄住宅。辖区内有 2.1 万多平方米的二级旧里住宅，建筑密集、弄堂狭小、房屋破旧，生活设施缺乏，安全隐患

◎ 城市"微更新"后的西成里

多，是典型的老城厢地区。设计师以保护为前提进行"微更新"，使用原材料、原工艺和原结构，采用"修旧如旧、以存其真"的手法，对路面、墙面、门窗等进行修复，小区道路铺设青石板，对门头、外墙进行清洗，公共卫生设施、小区路灯、花坛等进行更新整修，让石库门恢复风貌。同时，在立体、小空间上做文章，因地制宜，合理规划布设民俗文化、宣传画廊、绿化植物等，小区实现曲径通幽，绿色共享，文化气息洋溢，休闲健身相得益彰。

同年，南京东路街道的云中居委会爱民弄、天津路500号、贵州西社区以及承兴里4个居民小区"微更新"相继完成，这些区域的改变已被纳入黄浦区生态环境综合治理的样板。

66 上海大世界文化展示新空间

2017 年 3 月 31 日，位于延安东路西藏南路口的百年大世界带着市民的期盼正式重新开放。

大世界是我国最早的综合性文化游乐中心。始建于 1917 年，以游艺杂耍和南北戏曲、曲艺为其特色，12 面哈哈镜是"大世界"独有的特色，招徕源源不断的市民。新中国成立后改称"人民游乐场"，1958 年恢复原名。1966 年至 1973 年关闭。1974 年，改为上海青年宫。1987 年 1 月 25 日重新挂牌、定名为"大世界游乐中心"。

全新回归的大世界总建筑面积 16800 平方米，U 形结构，造型独特。中庭回廊和大舞台构成了独特的建筑风貌。四层楼面内设置了剧场、茶馆、展厅、书院、美食厅和传习厅等，馆内结合当下生活，开设非遗展览、非遗表演、非遗传习、数字非遗、非遗美食等五大功能业态。

重新开放的大世界定位于非物质文化遗产与民间、民俗、民族文化的展示与传承，以非遗的原生态和再设计作为主脉络，专注于经典与濒危、民族与国际、传承与发展。大世界内既有京剧、淮剧、越剧、民乐、评弹、杂技等传统戏剧、民俗节目；又有民俗合唱《歌韵·逍遥乡》、武术与打击乐《武林天籁》、哲思舞剧《我们说……》等创新跨界作品，全天轮演；更有海派旗袍秀、名绣儿童走秀、非遗灯光秀等精彩文化演出。

和平饭店老年爵士乐团 链接一

和平饭店老年爵士乐团早在 20 世纪就风靡上海滩。陈丹燕笔下的那些上海老情调，在那里得到浓墨重彩的体现。乐队总共 8 人，平均 78 岁，最大一位 90 岁高龄。曾经，中国与西方的艺术交流还不畅通，当时的老年爵士乐团有幸走遍全世界 20 多个国家，引来海外媒体争相报道，许多外国人震惊了，原来"闭塞的中国"竟然拥有如此摩登的乐团。那个年代，"在和平饭店听一场老年爵士乐演出"是许多人身份地位的象征。

如今，他们的演奏，依然保持着 20 世纪上海爵士乐的特别味道，与今天所有学院派不同，没有酒吧爵士乐"靡靡之音"的油滑感，仿佛每个音符都在立正。这种特别，让这群老乐手频繁出现在各种外交场合，甚至在一些国家领导人面前，如美

◎ 和平饭店老年爵士乐团在演奏

国前任总统卡特、里根面前演奏，美国前总统克林顿还和乐队同台演奏过萨克斯管。有几位外国客人，乘着飞机赶来听一场演奏，再坐飞机回国。

2010年和平饭店重新开张，老年爵士乐团的演奏引来满堂喝彩。2011年，德国拍摄了这个乐队的纪录片《上海老爵士》在欧洲引发轰动，被誉为"世上最老的爵士乐队最伟大的历程"。和平饭店如今把乐队视为"镇店之宝。"

上海音乐厅整体平移　链接二

2002年，为配合延安路高架的拓宽建设，上海音乐厅开始向东南方向平移。

上海音乐厅始建于1930年，是上海第一家由华人建筑师设计的欧式古典建筑，也是上海第一家放映外国影片的影院。1959年更名为上海音乐厅。数十年来，上海音乐厅以其典雅的建筑风格，良好的建筑声学效果，为众多中外艺术家和观众所青睐。1995年，延安路高架的修建使音乐厅面临汽车噪声和地基震动的困扰，同时，延安路扩建也大大缩小了音乐厅周边原本不大的空间。为了解决这些问题，同时也为配合上海市中心

◎ 上海音乐厅

人民广场地区综合改造工程，2002 年，市政府决定对上海音乐厅进行保护性迁移和完善功能性修缮。

12 月 16 日，作为市政府 2003 年一号工程的上海音乐厅平移工程开工，上海音乐厅要在原地顶升 1.7 米，向东南移动 66.46 米后，再往上顶升 1.68 米。经过近 200 个日日夜夜的工作，2003 年 6 月 17 日，上海音乐厅抵达新址。此后，音乐厅开始修缮扩建，对原有的装饰整旧如旧，内外部墙面颜色也清洗恢复到原貌。平移修缮后的上海音乐厅位于西藏南路过街天桥的南边，西藏南路以西一片嫩绿的草坪中，东与"大世界"塔楼隔街相望，北隔上海博物馆、人民广场，与上海大剧院相距不远，与它们一起形成了上海城市中心的高档文化区。音乐厅平移工程保留了原建筑的古典风格，新建的外墙西立面和南立面完全参照原北立面的西欧古典主义风格设计，整体非常和谐，艺术浮雕也得到恢复。

2004 年国庆节期间，上海音乐厅重新开业。它拥有大剧场、小剧场和南厅 3 个专业演出厅，以高品质的古典音乐演出为主，坚持专业化的定位，类型涵盖古典、爵士、民乐、流行等各个音乐门类。

67 黄浦滨江公共空间贯通

2017 年 6 月底，黄浦滨江在全市率先实现基本贯通。黄浦滨江北起苏州河，南至日晖港，东临黄浦江，西至中山路，岸线总长约 8.3 公里，集中承载上海开埠后历史的发展、进步和文化。沿线主要包括老外滩万国建筑博览群、老码头、南外滩金融集聚带、世博最佳实践区、江南造船厂原址等重要区域。

2016 年 8 月 17 日，上海市委市政府明确"到 2017 年底基本实现黄浦江两岸从杨浦大桥到徐浦大桥 45 公里公共空间贯通开放"的总体要求，并提出黄浦区要带头，为全市滨江公共空间贯通开放发挥示范引领作用。

黄浦滨江岸线贯通工程主要包括以下几方面：一、将原先断点打造成全开放的公共空间：董家渡地区伸向腹地形成衍生区域；南浦大桥桥引与周边形成大体量公共开放空间；世博区段充分利用高桩码头，开放 11 个观景平台，新增观景面积 4 万平方米，形成景观岸线；二、利用沿线原有绿化条件，因地制宜，形成"一带三道七园"，"一带"即滨江岸线绿带，"三道"即以步行道、跑步道、骑行道构成的绿道景观；"七园"是指包括杜鹃园、月季园、岩石园、琴键春园、秋园、药草园、草趣园在内的七个专类园，新增和改造绿化面积约 10 万平方米，构筑类型丰富、灵活多样的多维绿化系统，进一步美化公共开放空间的绿化景观；三、同步布局和完善各项公共服务配套设施，特别是市民群众最需要的卫生间、饮水点，沿线增设休息座椅、指示牌、遮阳设施，并综合设置轻餐饮和便利店、旅游服务中心、应急中心等，进一步提升公共开放空间的品质，拓展以人为本的服务功能。

社会治理创新 滨江党建引领 链接一

黄浦 8.3 公里滨江岸线率先贯通后，黄浦区委在滨江区域同步谋划、同步融入党建工作，助推滨江管理服务水平提升，提出了"滨江党建"的概念，动员驻区单位、党员群众参与滨江服务和社会治理，探索形成"党委领导、地区统筹、群团助力、社会参与"的滨江党建模式。

滨江党建坚持"党员群众在哪里，党建工作就要跟进到哪里"的理念，统筹协调全区 10 个街道两两结对，充分发挥街道党工委党建"龙头"作用，形成世界之窗、创意水岸、文博滨水、生活港湾、红色之源五个滨江党建片

◎ 2017年10月7日，黄浦滨江党建工作推进会举行

区。每年召开滨江党建工作推进会，积极排摸党建联建资源和"双向认领"项目，整合驻区单位资源和区域内各类服务力量，实现党建资源"相邻互补、共同参与、集中配送"，将滨江党建由点到线及面覆盖至整个黄浦。

滨江党建极大丰富了城市基层党建的内涵，切实增强了广大群众的获得感，有力促进了滨江管理服务水平提升。自滨江党建工作开展以来，黄浦区已连续举办了畅行浦江健身跑、红色定向挑战赛、"走红·滨江"党性教育项目启动仪式暨红色文化体验之旅、"改革开放四十年看黄浦滨江巨变"巴士之旅、"情系中华·乐动滨江"滨江党建音乐会等一系列滨江主题活动，吸引了众多沿江白领青年和党员群众参加。

链接二 璀璨景观灯光添彩进博会

2018年11月4日，上海外滩黄浦江两岸灯光璀璨，喜迎首届中国国际进口博览会。为迎接首届中国国际进口博览会召开，黄浦江两岸景观灯光进行了全面升级改造。从中山东一路延安东路至外白渡桥段，总长约1.2公里的老外滩是此次黄浦江两岸景观灯光升级改造的第一部分。黄浦区作为首届进博会"会场外的主阵地"之一，向世界呈现出集经典、大气、精致、

◎ 首届进博会前夕，完成滨江区域景观灯光改造提升

创新为一体的崭新的外滩夜景。

改造后的外滩灯光分为三种模式，即平日模式、节假日模式和深夜模式。其中，平日以经典静态灯光为主，节假日适当引入动态灯光，深夜灯光模式则主要凸显建筑天际线。而借助技术创新手段，外滩灯光可实现精准逐点调节色温，建筑的肌理被展现得淋漓尽致。除历史建筑，外滩防汛墙也纳入了改造工程，通过技术改造，黄浦江水沿着堤岸化身一道道飞瀑，在绚丽的灯光投射下犹如一幅幅画卷。首届进博会期间，黄浦区还组织音乐家、特效灯光师和人文创意家订制设计"浦江漫步"主题光影秀。

2018 年 10 月 9 日，"浦江潮涌——黄浦区庆祝改革开放 40 周年主题展览"在上海市工人文化宫开幕。展览分为摄影作品展、书画篆刻作品展、互动区域三大板块。300 余幅反映黄浦区政治、经济、文化、社会和生态文明建设情况以及市民生活变化的摄影、书画、篆刻作品，全方位、多角度地展示了黄浦区在改革开放 40 周年中取得的卓越成就。

摄影作品展以时间轴为主线，由"潮起""潮兴""潮跃"三个篇章组成。"潮起"呈现了 1978 年至 1992 年间黄浦区在改革开放大潮中破冰探索、力开新气象的场景，"潮兴"展示了 1992 年至 2012 年间黄浦区全面落实推进各领域改革、勇闯新局面的历程，"潮跃"则重点阐述了从 2012 年至 2018 年黄浦区在新时代坐标中追求卓越、勇立潮头的改革创新实践。此外，还设置了两个特展："红色印记"特展通过近 60 幅照片，展示了黄浦区作为党的诞生地所在区、共青团的发源地、国歌的唱响地、解放上海第一面红旗的升起地的红色文化传统，以及新时代传承弘扬红色基因的实践。"媒体眼中的黄浦"特展，透过新闻记者的视角，让大家看到黄浦区商业繁华、人文荟萃的文化特色。

书画、篆刻作品展聚焦"浦江潮涌"主题，从习近平用典、黄浦改革发展成就等方面，运用书法、绘画、篆刻等中华传统艺术形式，弘扬红色文化、海派文化、江南文化，讴歌中国改革开放波澜壮阔的伟大进程，彰显上海国际大都市的独特文化魅力，展示黄浦儿女争做改革开放排头兵、创新发展先行者的精神面貌。

链接一

这四十年』主题画展
『美好在黄浦——画述

2018 年 6 月 3 日，庆祝改革开放四十周年"美好在黄浦——画述这四十年"水彩画展在上海城市规划展示馆开幕，展出两周共接待观众近万人次。7 月 2 日展览移至无限极荟购物中心（湖滨路 168 号），在商场二楼连廊区域免费向公众展出一个月。

画展由黄浦区委宣传部和区委统战部共同主办。黄浦区是上海旅游资源的集中地，区域内优秀历史建筑近 300 处，包括中国共产党诞生地一大会址和见证上海历史、展现海派文化魅

◎ 2018年6月3日，"美好在黄浦——画述这四十年"水彩画展在上海城市规划馆开幕

力的外滩、大世界。20多位自由画家以黄浦的建筑风貌、人情百态为题材，创作了近60幅水彩作品，用艺术语言勾勒出黄浦改革开放40年的历史变迁及当下美好黄浦的生动景象，充分展示新时代人们对美好生活的追求，以及改革开放再出发的信心和决心。

情『迁』淮海路主题展

链接二

2018年12月17日，庆祝改革开放四十周年——情"迁"淮海路主题展在淮海中路650弄3号孙中山行馆旧址举行开幕式。展览以淮海路的历史、现在和未来为时间线索，全方位生动演绎淮海路不断升级、变迁的精彩历程，展现改革开放40年给上海发展带来的辉煌成就。

展览分为四大部分：第一部分"时代境迁"，用时间轴的方式讲述百年淮海路的巨变；第二部分"商业变迁"，精选淮海路上知名的

◎ 庆祝改革开放四十周年——情"迁"淮海路主题展

楼宇，全方位展示这些楼宇的前世今生；第三部分"人情乐迁"，讲述淮海路发展过程中的人情故事，包括党和政府领导关怀，动迁工作者和居民等 40 多人讲述"他们眼中的淮海路"；第四部分"未来跃迁"，每位参观者可以发挥想象，描述明天的淮海路，寄语淮海路的未来。展览特别设置互动体验区、老上海客堂间场景还原、老物件展示等精彩纷呈的互动项目，吸引参观者合影留念。

主题展集中展现了承载着老上海腔调的淮海路周边区域，逐步摆脱"危棚简屋"一步步跃迁为现代楼宇林立的国际化商业街的历史进程，以真实的史料、亲身的讲述以及场景还原等方式，让参观者徜徉于光影变幻的时空长廊中，通过影像、文字、图片等留存记忆，感受改革开放 40 年来给人民生活带来的巨大变迁。

2018 年 11 月 1 日，"演艺大世界"（SHOW LIFE）正式定名。演艺大世界是以上海市黄浦区人民广场为核心区域，辐射整个黄浦区乃至上海市中心城区的演艺集聚和产业发展区。黄浦区域内有专业剧场 22 家，展演空间 37 家，汇聚了戏剧（含歌剧、舞剧）、戏曲、音乐剧、音乐会等各个门类的艺术表演形式。其中，人民广场周边 1.5 平方公里范围内，正常运营的剧场及展演空间 21 个，密度达每平方公里 14 个，是全国规模最大、密度最高的剧场群之一。

演艺大世界拥有上海国际音乐剧节、上海国际戏剧邀请展、上海国际喜剧节、思南城市空间艺术节、表演艺术新天地、百年大世界沉浸式展演秀、上海城市草坪音乐会、思南赏艺会、"艺树"计划等诸多专业性、国际性的活动品牌。自定名以来，演艺大世界内好戏连台，多部有影响力的作品接连上演。上海大剧院的舞剧《永不消逝的电波》、昆曲《浮生六记》、歌剧《叶甫盖尼·奥涅金》，文化广场的音乐剧《巴黎圣母院》《奥涅金》，中国大戏院的话剧《红玫瑰白玫瑰》《威尼斯商人》等，都在演出市场引发轰动效应。

演艺大世界在大世界开设了服务中心旗舰店，黄浦区域内外滩、十六铺等几家旅游咨询服务中心站点也融入了演艺大世界服务项目，推出演艺大世界补贴票、尾票等特色票务服务，现场接受观众、游客咨询购票。演艺大世界黄浦文化云等线上平台持续更新演艺大世界相关资讯。

重新开台　中国大戏院　链接一

2018 年 6 月 24 日，中国大戏院开幕演出季暨国际戏剧邀请展拉开帷幕。根据诺贝尔文学奖得主奥尔罕·帕慕克小说《雪》改编的法国话剧《雪，覆盖下的真相》上演，这是该剧在中国的首演。整个中国大戏院开幕演出季从 6 月持续到 9 月底，来自英国、法国、德国、美国、日本、意大利、波兰、立陶宛及中国等 9 个国家的 19 部精彩剧目亮相国际戏剧邀请展，演出场次共计 50 余场。

演出季的开始标志着中国大戏院经过 6 年的修复后重新开台。中国大戏院位于牛庄路 704 号，始建于 1930 年，曾是"上海四大京剧舞台"之一。厉慧良、马连

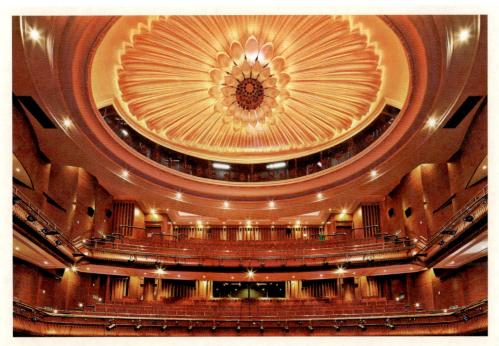

◎ 修复后的中国大戏院

良、梅兰芳、周信芳、孟小冬等众多京剧名角都曾在这里登台献艺。2012 年 10 月，黄浦区召开中国大戏院修缮改造项目专题会，明确这个项目为"环人民广场演艺活力区"建设的重点项目之一。修缮工程参照 1930 年初建时的设计，恢复三层观众厅的格局；根据保护建筑要求，保留外立面及主体结构，按历史原样恢复外立面尖塔；为满足现代剧场的使用要求，调整台口结构线，提升台塔高度，在舞台前方新增升降乐池。

改造后的中国大戏院，主体建筑面积达到 5320 平方米，座位数 878 座，配备国际顶级的舞台灯光和音响设备，定位为以综合戏剧演出为主的中型专业剧场，与周边剧场错位经营，致力于打造成名团名剧的中国首演地、新人新作的集聚地、原创戏剧的孵化地。

上海演艺新空间

创新思路 拓展

2019 年 5 月，上海大世界、林肯爵士乐上海中心、外滩 22 号、大隐精舍、读者书店、思南公馆等来自演艺大世界的 10 家"演艺新空间"正式挂牌，成为上海首批演艺新空间。

"看戏不止在剧场"，这在黄浦区早已司空见惯：思南公馆每年举办的"思南城市空间艺术节"、新天地的"表演艺术新天地艺术节"，形成一个个露天剧场；林肯爵士乐上海中心是国际大师级爵士乐手登陆上海的首选地；上海大世界拥有中国戏园子、戏迷俱乐部、业务剧社等看戏、演戏、学戏、说戏等一系列活动。

为给不同类型不同需求的演出团队提供更多的演出场地，上海各城区都出现了一些不同特色的演艺空间，这些演艺空间有些来自改造过的原厂房、产业园区业态调整，有些来自大型商业综合体文化项目的植入等。"演艺新空间"大多都是非标准剧场，他们会根据场地条件，因地制宜地组织演出内容，增加演出场次。这些由商业场馆变身而来的"演艺新空间"，最大的有 5.6 万平方米，最小仅 100 平方米，座位数从 100 座到 3000 座不等，虽然规模、形制各不相同，但都是上海颇有热度的

◎ 林肯爵士乐上海中心

地标。

　　"演艺新空间"和专业的剧场资源互相补充，发挥"商旅文"联动效应，把演艺空间和剧场周边的商业设施、旅游景点，甚至宾馆酒店资源整合盘活，打造一站式的服务及消费。

2019年1月16日上午，黄浦区"智慧养老"一体化综合服务管理信息平台启动。该平台将信息技术、人工智能、互联网思维与社区居家养老服务机制相融合，由智慧养老综合数据中心、养老服务分析及监管系统、综合为老服务信息系统三部分组成。智慧养老综合数据中心涵盖了全区所有60周岁及以上实有老年人口综合信息、养老经费运作台账信息及为老服务的物件和事件信息，利用可视化大数据分析工具，为养老工作和统筹合理匹配养老资源提供科学、有效的数据支撑，为养老需求和服务供给的精准匹配和服务定位提供可能。养老服务分析及监管系统能够对养老资源信息进行管理分析，体现辖区内养老服务运作、资源分布和老年人口现状等综合情况，实现对现有各项养老服务的统一监管评价和管理分析。

近几年，黄浦区加快智慧城区建设步伐，建成一批智慧治理、智慧政务等领域信息化项目，在社区综合治理、智慧交通等领域形成示范效应，推动智能技术应用，在社区安防、景区服务等领域开展物联感知、人工智能试点应用。2017年，黄浦区被国家信息中心授予"中国杰出智慧城区影响力奖"，2018年被国家信息中心授予"2018中国领军智慧城区"称号。

慢行导视系统 淮海路商圈启动 链接一

淮海中路与瑞金二路路口，一块矗立的大型电子屏，吸引了不少游客的目光。"周边有什么可以逛的地方？要去新天地南里北里怎么走？附近有哪些咖啡店？……"用手触摸一下电子屏，淮海中路商圈周边的餐饮、娱乐、文化、旅游信息一网打尽。这是黄浦区2018年初在淮海中路试点的首块"慢行导视系统"电子屏，是黄浦区"智慧商圈"建设的成果之一。

2015年5月5日，南京路步行街和淮海中路商业街商业圈被认定为全市首批"智慧商圈"创建活动试点区域。当年完成了淮海路、南京路总长4.7公里的基础硬件设施、WiFi建设，在淮海路、南京路实现了免费上网。同时推广移动支付在商圈中的示范应用，探索虚拟现实、定位导航等新技术的应用。加强商圈客流量信息采集、分析，基于大数据分析和精准定位技术，实现客群精准营销，提升商圈信息服务水平。探索O2O模式，推动实体商圈与电商平台的互动，加快传统商业圈商业模

◎ 位于淮海中路瑞金二路路口
的慢行导视系统

式转型。2017 年，黄浦区在淮海路商圈启动慢行导视系统建设，通过在淮海路部署智能导向终端机，为游客和市民提供交通、购物、景点、便民服务信息显示和查询服务。

豫园商城在 2017 年确定为上海市第二批智慧商圈创建活动试点区域。当年，完成豫园商城大数据平台（一期）建设，通过对海量消费数据的分析，为商家提供精准客流预测和个性化推送服务，提高消费转化率和商业运营效率。年底，豫园商城大数据平台荣获 2017 年上海市十大智慧社区商圈创新应用奖。

商用建设 黄浦区启动 5G 链接二

2019 年 5 月 18 日，上海最繁华的街区——南京路步行街正式开通 5G 信号。为顺应上海打造 5G 千兆、宽带千兆的"双千兆宽带城市"，助力"五个中心"建设、服务长三角一体化发展国家战略，黄浦区努力抓住 5G 机遇，抢占先机。2017

◎ 南京路步行街启用5G网络

年，区科委和区规土局合作，编制完成《黄浦区信息基础设施建设专项规划》并获得市政府批复纳入上海城市规划体系，明确了区内通信机房、通信管线、通信基站、WLAN 等设施的总体布局和建设要求。2018 年开始，完成了外滩地区通信杆与路灯杆、路牌杆合杆工作，提升基础网络承载能力，为 5G 商用在黄浦区的建设与开展创造条件。2019 年 2 月开始，黄浦区协调移动、联通、电信等运营商推进 5G 等新一代信息基础设施在区域内布局，启动 5G 商用建设。截至 2019 年 7 月，黄浦区域内除南京路步行街，外滩、人民广场、淮海路、豫园、黄浦区政府周边等室外区域，一大会址纪念馆、交通银行上海分行总部、置地广场、华狮广场商务楼宇等室内区域也已相继实现了 5G 信号覆盖。

对于探索 5G 应用场景、基于 5G 技术的创新应用，黄浦区重点聚焦经济发展、城区治理、民生服务等重点领域，为区内金融、医疗、教育、商业、商务等机构和企业，提供更加丰富的 5G 终端产品，一批智慧医疗、智慧直播等 5G 应用场景也已率先在黄浦区落地。

后　记

在庆祝新中国成立70周年和上海解放70周年之际，中共上海市黄浦区委党史研究室组织编写的《黄浦相册：70年70个瞬间》一书，正式与广大读者见面了。

本书是在上海市委党史研究室的指导帮助下，由相关参编人员共同努力形成的成果。本书列入中共黄浦区委宣传部"逐梦新时代　黄浦新荣光"主题创作成果，在编写过程中得到黄浦区委宣传部的指导和帮助。上海市委党史研究室资料室、黄浦区委组织部、区档案局、区文化局、区民政局、区科委、区卫计委、区融媒体中心、淮海中路街道、打浦桥街道等单位予以大力协助。景智宇、汪志星、马万祥、周怡等为本书提供了部分资料和照片。上海人民出版社编辑为本书的出版付出了辛勤劳动，在此一并感谢。

70年栉风沐雨，春华秋实！70年来，黄浦区的经济社会发展取得了举世瞩目的重大成就，城区面貌发生了翻天覆地的巨大变化。由于篇幅所限，且部分重大历史事件因为资料或照片缺失，在选题时不得不割舍，70年间的精彩瞬间难以全部呈现；加之编者水平有限，内容难免存在罅漏欠妥之处，希望广大读者给予批评指正。此外，本书所用照片的摄制者，有的因各种原因一时未能联系，希望能在见书后与我们联系。

图书在版编目(CIP)数据

黄浦相册:70 年 70 个瞬间/中共上海市黄浦区委党
史研究室编. —上海:学林出版社,2019.12
ISBN 978 - 7 - 5486 - 1597 - 2

Ⅰ.①黄…　Ⅱ.①中…　Ⅲ.①黄浦区-地方史-史料
-图集　Ⅳ.①K295.13 - 64

中国版本图书馆 CIP 数据核字(2019)第 291199 号

责任编辑　许钧伟
封面设计　零创意文化

黄浦相册:70 年 70 个瞬间

中共上海市黄浦区委党史研究室 编

出　　版　学林出版社
　　　　　(200001　上海福建中路 193 号)
发　　行　上海人民出版社发行中心
　　　　　(200001　上海福建中路 193 号)
印　　刷　上海雅昌艺术印刷有限公司
开　　本　720×1000　1/16
印　　张　19.75
字　　数　32 万
版　　次　2019 年 12 月第 1 版
印　　次　2019 年 12 月第 1 次印刷
ISBN 978 - 7 - 5486 - 1597 - 2/K · 165
定　　价　96.00 元